人道の弁護士・布施辰治を語り継ぐ

森 正
黒田大介

旬報社

まえがき

本書のタイトル「人道の弁護士・布施辰治を語り継ぐ」について一言。「語り継ぐ」とは「次々に語って伝える」が本来の意味であるが、言葉や文章で思いを伝えるだけに限定せず、展示や演劇や映像（映画やテレビ）など、視聴覚を伴う伝達方法も含めている。

かつて私は、布施没後の感想として、「布施が亡くなって四〇年の歳月が流れようとしているが、ようやく近年、彼の〝巨人〟性が認められつつある」と書いたことがある（石巻文化センター『布施辰治関係資料収蔵品目録』解説、一九九二年）。「巨人」とは「傑物」という意味だった。その解説から三一年、今年二〇二三年は没後七〇年の節目である。布施辰治は、日本国内はもとよりのこと、日本の植民地だった韓国や台湾においても、尊敬されるべき日本人として知られる存在となっている。

激動の日本近現代史と東アジア史を人道主義者として愚直に生き抜いた布施辰治（一八八〇〜一九五三年）は、宮城県石巻市に生まれた弁護士であり、社会運動家だった。私がこの人物を学問の対象として意識したのは一九七〇年代半ばのことだから、かれこれ五〇年ほどの間、布施辰治の「虜」となっているわけである。ちょっと奇妙な感情ではあるが、心地良い気分に浸っている。しかし、私は今や満八一歳、先行き甚だ不透明の年代に入っており、正直なところ、布施研究・啓蒙のあれこれを後進に託したい心境にある。

もともと私は、国家や制度や法などのあり方よりも、生身の人間の生きざまに関心が強かった。実際、一九九九年には「在日」の芸人マルセ太郎にかんする本を出版している。また、八〇年代の初めから「追っかけ」だけではなく、演奏会を何回も主催した、あるミュージシャンの評伝を物したいと考えたこともある。そんなわけで、社会科学より文学のほうが向いているのかも？　などと自問するときもあり、著名な行政法研究者からも「きみは文学向き」といわれたことがある。

私が布施辰治に特別な関心を寄せた理由はいくつかある。二つだけあげておこう。

一つ目であるが、以前、新聞にこう書いた。「私が布施辰治個人に学問的関心を抱いたのは、彼が非共産党員で合法主義に徹した、という歴史的事実にあった。あらゆる思想に寛大で、非合法政党に属さず、最左翼戦線から『法律闘争誇大評価症』と揶揄されながらも、『彼等の法律で彼等を縛れ』のスローガンに示される徹底した合法主義で国家権力と法的に厳しく対峙した布施辰治、このような人間こそが注目され、研究の光が当てられるべきだ、と私は感じた。戦後の日本で有力だった硬直した教条的階級史観、左翼＝共産党英雄史観ともいえる史観からは、布施のようなタイプは戦前の運動史において影薄き存在として扱われ勝ちであったが、私はむしろ影濃き存在として、日本近現代史のなかに正しく位置づけられるべきだと考えた。合法主義の幅（領域）が極端に狭かった戦前において、その線上で国家権力と粘り強く対峙することの困難さは、非合法の線上でたたかう困難さに比してけっして劣るものでなかったばかりか、非合法闘争の多くが間接・直接的にさまざまな合法闘争によって支えられていたからである」（石巻日日新聞、一九九二年七月二九日付）。この問題意識は、現代でも重要だと考えている。

あと一つあげると、布施は、極端にいえば「人間の生き死に」に、普通にいえば「人間の基本的人権」にかかわる弁護士職を天職と受けとめ、弁護士に必須の在野精神を堅持して、弁護士資格の剝奪や投獄など数多の弾圧に屈することなく、(植民地時代の朝鮮半島や台湾の人々を含めて)社会的・経済的弱者＝民衆や政治的少数者などの人権擁護に殉じた。私はこのような人物の生涯に強く惹かれた。人権尊重・擁護への深い配慮の典型例を示すと、布施は多くの(政治犯を含む)獄死・処刑遺体を引き取り、供養している(本人の証言では、非人道的な扱いで獄死した浅草の近藤という親分が最初という)。布施にあっては、このような行為は弁護活動の延長線上の行為だったのである。これは布施の人間愛＝「布施人道主義」の象徴的な発露であり、私はそこに究極の人間的魅力を感じ、惹かれる。布施は戦前「死刑囚弁護士」と称されるほど、(冤罪を含めて)数多くの重罪事件に取り組み、懸命な弁護も及ばず九〇人を超える死刑囚を見送ったともいわれる。「宜《むべ》なるかな」である。

社会科学の常識を踏み外さないように留意しつつ、私は五〇年近く布施研究・啓蒙に携わってきた。その成果としての拙著『評伝 布施辰治』(日本評論社、二〇一四年)、『ある愚直な人道主義者の生涯―弁護士布施辰治の闘い』(旬報社、二二年)は、幸いにも多くの方から前向きの評価をいただいた。[1] 明確な終点があるわけではない布施研究・啓蒙であるが、その全貌が仄見える地点にまではたどり着いたように思っている。

布施辰治は日本近現代史の要所に鋭い足跡を刻んでいる。これまで弁護士や研究者や社会運動家、親族らは、布施の多岐に及ぶ事績を紹介し、評してきたが、一九七〇年代半ばまでの傾向を指摘すると、多くは、厳しい時代状況下の民衆（植民地の朝鮮人・台湾人を含む）への熱い寄り添いの実態や、アジア・太平洋戦争中と敗戦後の動向には切り込んでおらず、また、「神の前の英雄」意識や原罪意識、「布施人道主義」、田中正造・トルストイへの私淑など、彼の心の襞の領域にあまり関心を寄せてこなかったように思う。

これまでの私の布施研究・啓蒙に意義があるとすれば、布施を弁護士＝社会運動家と捉え、その思想と行動の原点にある人道主義に注目して、以上のような諸傾向の克服に取り組み、その全体像の把握に努めてきたことだろう。さらにいえば、布施が後世に語り継ぐに値する人物だということを明らかにしようと努めてきたことだろう。

ともあれ、この間には長い歳月が横たわっており、まるで素掘りの暗い隧道に迷い込んだかのような体験もした。それでも志を捨てなかったのは、布施を熱く語る人々との出会いがあり、布施を後世へ語り継ぎたいとの意識が「使命感」へと高まっていったからである。

布施没後七〇年の現時点に立って問いたいのは、（生存中から）「布施はどう語り継がれてきたのか」ということである。この問いは私の布施研究・啓蒙活動をたどることにも繋がり、気分はやや重いが、「布施語り継ぎ」の今後を考えると、避けて通るわけにはいかない。

しかし、「布施語り継ぎ」百有余年を抜かりなくフォローするのは不可能である。戦前の社会運動家・堺利彦の簡にして鋭い布施評、「到底度スベカラザル、抜クベカラザル饒舌ノ人道主義者」など、大げさにいえば、長短の布施紹介や布施論・評が山のようにあるからである。この点を前提に、かつ私の主観で取捨選択することを前もってお断わりしておく。

ふり返ってみて感慨深いのは、一九八〇年代半ば以降、（私のものを含めて）布施にかんする「語り」が増え続けていることである。その背景には、布施のふる里・石巻市における顕彰運動、布施の親族から石巻市に寄贈された布施関係資料の公開、地元メディアによる報道、布施の母校・明治大学と同大学の大学史資料センター主催の布施シンポジウムや展示会、資料収集、スタッフによる共同研究などがある。また、全国各地での布施を語る各種の講演会や演劇の上演、ドキュメント映画の上映運動などがある。弁護士や研究者以外でも布施に関心を寄せる人たちが増え、その結果、布施の事績が多面的に掘り起こされ、布施紹介や布施論・評が多様化したことにも注目したい。そして二〇世紀末、韓国に布施顕彰運動が起こり、二一世紀に入ってからは台湾でもその兆候がみられる……というわけで、今や布施を語る人々の輪は東アジアにまで広がりつつある。

布施辰治は国境を越えて語り継がれており、韓国では青少年・大学教育でも布施の事績が紹介されつつあるという。本書が今後の「布施語り継ぎ」に多少とも役立つことを期待している。

（森　正）

※本書の執筆は、Ⅰ、Ⅱ、Ⅲを森正、Ⅳを黒田大介が担当した。

（1）『評伝 布施辰治』については、新井章（『法と民主主義』二〇一六年四月号）、黒田大介（岩手日報、一五年六月二八日付）、渡辺治（『法律時報』一五年九月号）など。『ある愚直な人道主義者の生涯 ─弁護士布施辰治の闘い』については、朝治武（『部落解放』二二年一〇月号）、大石進（しんぶん赤旗、二二年八月二八日付）、大塚茂樹（『人権と部落問題』二三年二月号）、保坂正康（朝日新聞、二二年七月一六日付）など。

目次

Ⅰ 「布施辰治語り継ぎ」と私

本章では、一九七〇年代半ばから二〇二二年までの私の布施辰治研究・啓蒙を、見出しのテーマにそって回想してみたい。この間の五〇年近い歳月を大きく二つに分けてみたい。その画期は、私が大学を早期退職した〇三年三月である。本論に入る前に、大学人だったときと自由人になってからの自分史をごく簡単に叙述しておこう。

大学在職中と退職後

一九四二年三月生まれの私は、いわゆる大学紛争の最中の六九年七月、満二七歳で大学に職をえた。それ以来、憲法ほか法学関係の講義（非常勤を含む）、演習＝ゼミナール担当、学内各種委員会での活動、教員組合運動などのほか、平和と憲法擁護運動への参加、司法書士の職能にかかわる動向への協力、司法改革批判派の弁護士（運動）への協力など、法学系の教員として相応の責任を果たそうと努めた。他方、肝心の研究はといえば、当初はイギリス憲法の発生など憲法学のいくつかのテーマに取り組んでいたが、途中から始めた戦前の先進的弁護士群像（その象徴が布施辰治）の研究（↓『治安維持法裁判と弁護士』日本評論社、一九八五年）、及び司法書士職の検討に傾斜し、やがて布施辰治研究に焦点を絞っていった。気がつくと二一世紀に入っており、還暦が目前に迫っていた。

還暦までの私の外観は、布施辰治をめぐる国内外の動向の多くに関与していたことで活発にみえただろうが、内面では不安が渦巻いていた。一九九三年ごろに「布施辰治語り継ぎ」への使命感を自覚し、ほどなく使命感を形あるものに仕上げること、すなわち、布施評伝を書き上げることを公言していたにもかかわらず、執筆に着手すらできない状態が続いていたからである。もちろん、少なからぬ弁護士や、布施の長女である大石乃文子、孫の大石進、私の友人＝研究者仲間らは、評伝の早期完成を待望していた。

私は、やさしくも厳しい周りの眼に追い詰められていた。何はともあれ、自らを布施評伝の執筆に追い込む必要があり、それには選択肢は一つしかなかった。二〇〇三年三月末日、私は定年（六五歳）四年前の満六一歳で大学を辞した。大学教員の早期退職は今も昔も珍しく、中日新聞と朝日新聞が取材に来た。

続いて、自由人となってからの私であるが、布施評伝を書き上げたのは、なんと二〇一四年のことである。〇三年からの一〇年余は、そうとうシヴィアーな歳月だった。評伝完成後の一五年からは「布施人道主義」をまとめる作業に入ったが、この七年間もかなりシヴィアーだった。

時間を退職のころに戻したい。私は大学在職中の慌ただしさから解放され、晴れて自由人となったつもりだったが、積み残した非常勤の講義、各種の社会的活動などからは逃げられず、予期しなかった困難にも遭遇する。しかし、目標達成までに呆れるほどの時間を要した主要な原因は、ひとえに学問的力量と集中力に欠けていたからである。

退職後の私は、評伝の執筆にすぐには取りかかれなかった。二つの問題にぶつかっていた。一つは、（私のものを含めて）布施にかんする「語り」が時間の経過とともに増加し、そのぶん「語り」が多様化していく中で、私の布施像がどんどん広がり、それを制御するのに難儀していたのである。あと一つは、厖大な布施関係資料を読み込み、かつ布施にかんする多様な「語り」に出会う中でみえてきた布施の心の襞の繊細さと複雑さに恐れすら感じ、布施を突き動かしていただろう正体を捉えかねていたのである。

布施の心の襞を繊細に形成していた思想・信条・行動規律を、順不同であげてみよう。性善論（良心への全面信頼）／義侠心＝任侠＝扶弱挫強の精神／救世の志／求道心／自由民権論／「個」の尊重／人間平等／在野精神／敬天愛人／真善美の倫理観／適所適材論／異文化への畏敬の念／人類愛／同胞愛／国家権力批判／階級意識／あらゆる思想への寛容／人間の多様性尊重／インターナショナリズム／（墨子）兼愛主義／隣人愛／儒教精神／キリスト教精神／「神の前の英雄」精神／原罪意識／導きの師（田中正造・トルストイ）などである。まさに種々雑多であるが、布施の中では混乱なく統一されていたのである。

私は早い時期から、布施の原点を「人道主義」（ヒューマニズム）と見立てていたが、以上にあげた思想・信条・行動規律を再吟味することを通して、改めて「布施人道主義」を認識することができた。とはいえ「人道主義」は一筋縄ではいかない概念であり、評伝執筆に入ってからも難渋することが多かったが、二〇一四年にようやく『評伝 布施辰治』（日本評論社）を世に出すことができた。その後「布施人道主義」に焦点を当てたのが、二二年の『ある愚直な人道主義者の生涯―弁護士布施辰治の闘い』（旬報社）である。

私にとっての「布施語り継ぎ」は、研究と啓蒙の二つの面から追求する行為であり、そのためには、布施の親族や布施を知る弁護士、明治大学における布施関連の事業、布施のふる里・宮城県石巻市と韓国の顕彰運動との接触は、必要不可欠の行動だった。同時にこれらは、私の「布施語り継ぎ」における独善を排する結果をもたらしただろうという意味でも有意義であった。

※以下、一と二の記述とⅢ「布施辰治語り継ぎ」の百有余年の記述に少なからぬ重複が生じることをお断わりしておく。

一 「布施語り継ぎ」への使命感

一九七〇年代半ば、私は自由法曹団の弁護士が中核となった戦前の弁護士群像の法律闘争を検討する機会をえて、七六年、論文「法的実践とマルクス主義法学」を発表した(1)。執筆の過程で布施辰治という異色の弁護士に惹かれたこと、同論文が研究者や弁護士の間でかなり高く評価されたことなどでいささか高揚した私は、布施個人の事績を詳しく知りたいとの欲求に駆られた。

同論文執筆の前後には、自由法曹団編『自由法曹団物語』、布施の長男・布施柑治、弁護士の森長英三郎・岡林辰雄ら、研究者の平野義太郎・清水誠・小田中聰樹ら、社会運動家の難波英夫、さらには本多久泰(定喜)・小生夢坊、在日朝鮮人の金一勉らによる布施論・評に目を通し、布施が起訴された懲戒裁判や治安維持法裁判関係の諸資料も閲覧し、布施を論じる準備はできたと判断した。しかし、それは甘い判断だった。日本近現代史と司法・弁護士史などに疎い状態を克服しておらず、布施関係資料の検索にも疎漏があり、加えて当時の私は、イギリス近代憲法の起源を探るという、年来の困難な研究テーマに取り組んでいた。

自らの学問的力量を無視して、私はイギリスと日本の「二兎を追う」ことを始めたわけであるが、最初に手掛けた論文「法律家・布施辰治の民主主義思想と行動」の連載中断を余儀なくされる。(2) それは二兎を追ったこととは無関係であり、外圧の類いによるものでもなく、自らの意志にもとづく決断だった。何が問題だったのか。

二〇~三〇代にかけての私は、いわば政治的イデオロギー偏重人間であった。相手のイデオロギーの何たるかで人間（性）評価さえする愚かしい志向から脱却したのは三〇代半ばに近づいたころであり、そのころようやく「思想の自由」の意味を私なりに理解できるようになった。私の精神史におけるこの重大な変化は、特定のイデオロギーに拘泥せず、あらゆる思想に寛容だった布施辰治との邂逅と深くかかわり合っていたように思う。

とはいえ、私のイデオロギー偏重はほとんど体質化していたようで、人間をイデオロギーでタイプ分けする手法をほかならぬ布施辰治研究に取り入れてしまったのである。すなわち、私は論文の出発点に戦前日本における民主主義者の基準として「天皇制と植民地問題についての思想」を設定し、布施をこの基準でタイプ分けして彼の生涯をたどっていた。（一般論でいえば、この手法は「常識」だったと思うし、現在もなお有効性を失っていないとは思うが）しかし、布施には通用しないことに気づいたのである。執筆を進めていく中で布施の天皇制論に独特のしたたかさを感じ、この「常識」にこだわり続けると布施の民主主義思想を捉えられないと判断し、連載二回にして自ら筆を折ったわけである。要するに私は、「常識」に従っておれば間違うことはないという雰囲気の中に安住していたのである。

思うに、私の過誤は、一九七五年の弁護士・天野末治（旧姓、柴田末治）からの聞きとりを初めとして、先人たちの多様な布施論・評に真摯に耳を傾けなかった結果でもあった。換言すると、「それまで営々と語られてきた布施辰治」を深く学ぼうとせず、杓子定規な視点で布施の諸思想を摘まみ食いしていたのである。私は自らの研究姿勢を一から見直し、腰を据えて布施と向き合うことにした。

じっくり相対してみた布施辰治は、まことに手強い相手だった。日本近現代史と東アジア史の表舞台で幅広く豪胆に躍動しつつも、内面にはきわめて細やかな神経を宿していることを知り、さらには読み込むべき資料が厖大に残されていることが判明、啓蒙対象ならともかく、研究対象としてはかなりハードルの高い人物だということを思い知らされ、早期退職まで敢行しての幾星霜、前述したように、二〇一四年にようやく体系的な大部の評伝を、昨年二一年には人道主義に焦点を当てた小伝を世に問うことができた。しかし、この二著は絵画でいえば未だ素描の域にあると考えている。

かくいう私は、この間、たった独りで悪戦苦闘していたわけではない。まずは一九七〇年代後半、布施に関心を寄せていた中村正也（当時、明治大学図書館司書）との邂逅があった。記憶に鮮明なのは、七九年、私と中村が布施の全著作活動の目録作成をめざし、解説を付けて、日本民主法律家協会の機関誌『法と民主主義』に「布施辰治における戦前の著作活動」（一〜五）を連載したことである。私にとってそれは、布施と正面から向き合うための不可欠な作業であり、同時代と後世の人々への「布施語り継ぎ」のメッセージでもあった。八〇年、敗戦直後の布施の憲法改正案と新朝鮮の憲法案を勤務校の研究紀要に紹介したのも、同様の問題意識にもとづいていた。(今も著作物の新発見があるが)この地味な共同作業を通して、私の中に「布施語り継ぎ」意識が芽生えたことを特記しておきたい。

一九八〇年代の前半は、私の布施研究・啓蒙の本気度が問われた時代だったように思う。私の基本作業は続き、八〇年代に入って、かつて布施とともに活動した梨木作次郎・角田儀平治(旧姓、角田守平)・井藤誉志雄・阿河準一弁護士を訪ね、共産党治安維持法裁判での弁護活動、彼らが布施とともに検挙された三三年の日本労農弁護士団事件(治安維持法違反で弁護士二十数人検挙)などについて聞きとりを行ない、布施研究・啓蒙においても非常に有益な助言をえた。加えて私には、弾圧をくぐり抜けてきた歴史の当事者の生の声に接することで「歴史の追体験」をしたい、否、しなければいけない、との強い思いがあった。さらにそのころ、布施の信頼が厚かった弁護士であり、布施にかんする小伝、及び布施の盟友・山崎今朝弥の評伝『山崎今朝弥』、戦前の著名事件裁判と弁護を検討した『史談裁判一~四』などで知られる森長英三郎から、布施最晩年の記録『布施辰治 対話抄集』(一九五四年)をいただき、波瀾万丈の道を歩んだ布施の最期の息遣いにふれることができた。

一九八三年一〇月、私は自由法曹団総会の特別企画・日本労農弁護士団事件五〇年を記念する講演会に招かれ、同事件で検挙された青柳盛雄・阿河準一・加藤充・谷村直雄・角田儀平治・梨木作次郎の前で講演した。(3) そして、講演後の会見とその夜の懇親会での同弁護士らの発言に接して、私は戦前の布施に象徴される先進的な弁護士群像の闘いを後世へと語り継ぐ責任を強く自覚した。

以上のような体験を通して、私は布施辰治の全人間像を知りたいと考え始める。このことと関連するが、森長の急逝（一九八三年六月）のあと、当人の「波瀾に富んだ布施については、社会科学者による本格的な評伝が出てもよいだろう」との言を知り、私は不遜にも、「その社会科学者とは私のことだ」と錯覚したことも告白しなければならない。こうして私の布施研究・啓蒙の内容と方向は定まっていったのである。

そのころ私は、東京大学社会科学研究所へ内地留学している。同研究所には、私の前掲論文（一九七六年）に関心を示した渡辺治がいた。私は一九八二年一〇月から半年間、戦前日本の治安法制に詳しい渡辺と奥平康弘、法・政治思想に詳しい山室信一らに接し、図書館では戦前の司法関係資料や法律新聞などを閲覧・複写し、利谷信義（法制史）が主宰する研究会で布施研究の経過報告をした。私の布施研究に学問的要素が多少とも含まれているとすれば、この留学が大きかったと思う。

一九八一年と八三年、私は前述の労農弁護士団事件にかんする論文を民主主義科学者協会法律部会『法の科学』、『法と民主主義』に、八七年には、職場の研究紀要に「『岩田義道死因調査書』と弁護士・布施辰治」を発表した。そしてその間には、最初の著書『治安維持法裁判と弁護士』（日本評論社、一九八五年）を出版した。同書は布施に象徴される先進的な弁護士群像を語り継ぐとの自覚にもとづく作品である。具体的には共産党弾圧裁判での弁護活動、及び弁護団への大弾圧（日本労農弁護士団事件）などを探っており、未開拓に近い分野に研究の鋤を入れたという点で意味があったように思う。

一九八〇年代初めごろまでの私の布施研究・啓蒙は微々たるものであったが、それでも布施辰治を卒業論文のテーマにしたいと訪ねてきた学生がいた。京都女子大学の学生で、がんばってしっかりした論文を書き上げた。以来、若い世代に布施の事績を伝えようとする意識がいっそう強くなったことを思い出す。

一九八五年一一月、私は布施辰治の孫にあたる布施鉄治宅（札幌市）を訪ねた。そこには布施の長男・布施柑治から引き継いだ布施関係資料が厖大に保管されており、数日間泊まり込みで調査・閲覧させていただいた（二年後にも宿泊再訪。→同資料の多くは一九九〇年に石巻市へ寄贈）。さらに九七年、私は寄贈漏れの資料を調査するために布施宅を訪ねた（九八年、同資料は石巻市へ寄贈）。以上の寄贈資料の詳細は、石巻文化センター『布施辰治関係資料収蔵品目録』Ⅰ、Ⅱ（九二、二〇〇五年。非売品）を参照していただきたい。目録の解説は私が担当した。

布施関係資料の調査行については後述するが、布施宅の圧倒的な量の資料——布施直筆など多数の一次資料を含む——を前に、私は夢のような時間を送り、布施鉄治・晶子夫妻から貴重な証言をいただいた。また、その間に私は何回か、布施辰治の長女・大石乃文子宅（鎌倉市）を訪ね、乃文子と息子・大石進から手厚い対応をいただいた。ここに記すべきは、布施が遺した公私にわたる厖大な資料を一片も散逸させなかった布施柑治・布施鉄治・布施晶子・大石乃文子・大石進らは、（英雄譚ではない）事実に即した等身大の布施辰治の語り継ぎを望んでいたことである。

一九八〇年代半ば以降九〇年代末まで、私は布施を顕彰する市民運動・メディア・演劇などに深くかかわった。以下、東北地方に限って紹介しよう。

一九八三年、宮城県石巻市に「布施辰治先生を顕彰する市民の会」が結成され、顕彰運動が始まる。布施没後三〇年、地元で忘却されつつあった布施の事績を市民目線で顕彰し、後世に語り継ごうとする運動であり、会長はいわゆる実子縁組問題で国と闘っていた菊田昇医師だった。八五年一〇月、私は菊田

1993年に建立された布施辰治顕彰碑。レリーフと共に処世訓「生きべくんば民衆とともに　死すべくんば民衆のために」が刻まれている（石巻市あけぼの2丁目・あけぼの南公園内）。

会長の熱い要請に応えて、約一時間半「布施辰治の生涯」というテーマで話した[4]。満員の会場は静粛そのもの、私は布施の生きざまを緊張して語った。後述するように、私は七七年に布施の親族を訪ねて初めて石巻へ行ったが、石巻市民との交流はこの講演の日から始まった。私の石巻行きは続き、布施関係資料の調査、その結果についての共同記者会見、顕彰碑文の執筆などこまめに動き、布施を特集したNHKテレビ仙台支局の番組や地元ラジオへの出演、地元各紙への執筆要請などに応じた。

布施研究・啓蒙、とりわけ後者に力を入れた二〇世紀後半一五年ほどの間に、私の「布施語り継ぎ」意識はそうとう深化していった。特に布施顕彰碑文の起草は、私の意識をより高次の段階へと引き上げた。

一九八三年に顕彰運動を始めた石巻地方の人たちの熱気は持続して一〇年後には顕彰碑の建立を実現したが、あろうことか、私を顕彰文の起草者に指名したのである。そして、布施生誕から数えて一一三年目の九三年一一月一三日、顕彰碑は強い風雨にもかかわらず全国から集まった約二〇〇人の前にその姿を現わした。（顕彰運動の中心にいた庄司捷彦弁護士と一緒に碑の石を探した思い出があるが）石巻地方産の石で創られた布施顕彰碑は、外界にあって時間を超えて立ち続け、そこに刻印された布施の処世訓「生きべくんば民衆とともに 死すべくんば民衆のために」、及び一千字余りの顕彰文を半永久的に人々に伝え続けるだろう、と考えたとき、私の中の「布施語り継ぎ」意識は明確に「使命感としての意識」へと昇華していった。

顕彰碑建立を機に顕彰会がまとめた小冊子が『追憶 弁護士布施辰治』（一九九三年、非売品）である。布施の長女・大石乃文子ら多数の親族、布施の元秘書・高橋欣一郎、国民救援会会長・山田善二郎、布施と一緒に活動した弁護士・大塚一男・竹澤哲夫と私が寄稿している。親族による布施の私生活情報も収録されており、今では貴重な資料である。

一九九二年には、民主主義科学者協会法律部会の夏季合宿研究会において「布施辰治とアナキストたち」というテーマで報告した。また、近現代の人物事典で最も詳細な『朝日人物事典』（朝日新聞社、一九九〇年）で最大字数の項にランクされた布施を担当した（花井卓蔵・山崎今朝弥・森長英三郎ほか多数についても担当）。布施研究としては、所属大学の紀要のほか、法律家団体の雑誌や『法律時報』などに論文を掲載した。(5)

羞恥の感情を込めた回想であるが、「あのころは恐いもの知らずだった」を証明するのが脚本執筆である。一九九二年、名古屋で上演された演劇「布施辰治 生きべくんば民衆とともに」の脚本は、まさに蛮勇の産物だった。上演前後、メディアはあれこれ報じ、当地方での布施の知名度はかなり上昇した。二日間上演の初日には、布施の親族と石巻の市民ら多数が遠路駆けつけてくれたことを記しておく。

一九九七年の拙著『私の法曹・知識人論』（六法出版社）は、七六年から九五年までの論文とエッセイを収録している。冒頭に「布施辰治の事績と研究の現代的意義—顕彰碑建立を機に—」(『法律時報』一九九四年一月号)を収録したように、布施辰治を論じたものが多く、賢明な読者はそれ以外の多くの論文やエッセイにも布施の影響を感じるだろう。〃あるべき法律家・知識人像〃を考えたとき、当然ながら、私の脳裏には布施の姿が鮮明に浮かんでいたのである。この心象風景は現在でもまったく変わらない。

そして二〇世紀末、韓国に予期しなかった布施顕彰運動が起こる。私はその運動にもかかわり、私の中の「使命感」に韓国市民との連帯意識が加わる。

二一世紀を目前にした一九九九年、韓国で布施辰治を顕彰する運動が起こる。いうまでもなく朝鮮半島はかつて日本の植民地であり、朝鮮人は日本人による過酷な搾取と抑圧のもとで塗炭の苦しみを舐めさせられた。その朝鮮半島の韓国で市民有志が布施顕彰を志して布施先生記念事業会(鄭畯泳代表)を結成、顕彰の署名運動を始めたのである。学術大会の開催、勲章授与、記念碑建立、日韓共同映画の制作などの目標を掲げた運動は、金大中政権の誕生、ソウルで開催された世界NGO(非政府組織)大会を追い風にしていた。韓国メディアは迅速に反応し、例えば韓国文化放送テレビ(MBC)は、三・一独立運動記念日の前日(二〇〇〇年二月二九日)、六〇分特別番組「発掘・日本人シンドラー布施辰治」を放映する。これには布施の孫・伊藤優雅璃と私が出演したが、番組は布施の活動を朝鮮半島に限定せずに日本国内での活動も紹介しており、説得力のあるドキュメンタリー作品だった。

韓国の運動の展開は早く、翌二〇〇〇年一一月一三日(布施の誕生日)、ソウルで「布施先生記念国際学術大会」を開催する。遠隔地からの聴衆も多かったようである。報告は、大石進「青磁の器」、森正「弁護士布施辰治による朝鮮民族の人権擁護と敗戦後の評価」、李文昌「朴烈金子文子大逆事件と布施辰治弁護士」、李圭洙「弁護士布施辰治の朝鮮認識」、鄭畯泳「布施先生と私」、進行役の不手際で韓国側の一報告が要旨のみとなるトラブルはあったが、会場が韓国国会議員会館だったこと、在韓国日本大使・全羅南道知事・光州市長などから祝辞があったことなど、韓国側の意気込みはよく伝わってきた。日本側は、大石が中心となって、翌〇一年に詳細な『布施先生記念国際学術大会の記録』（非売品）を発行した。同記録の構成は、「第一部 祝辞、二部 報告、三部 布施辰治に関する報道記事、四部 布施先生記念国際学術大会に招かれて」であり、大会の意義を広い視野から伝えている。私は、日韓共同の布施顕彰への道を開いた点で有意義だったと考えている。

東亜日報・コリアヘラルド・新東亜・大韓毎日などの韓国メディアは、同大会の前後、そろって好意的に報道した。それに比べて日本のメディアは、朝日新聞が二〇〇〇年三月に「ひと」欄で鄭畯泳代表を紹介し、中日新聞が私に大会の意義を説く寄稿を要請する、などの動きはあったが、総じて消極的だった。そのほか私は、平和運動関係の機関誌などで日韓共同の布施研究・啓蒙の意義について論じた。なお、学習研究社のユニークな月刊誌『ムー』（二〇〇一年七月号）が布施辰治を特集し、私は取材に全面協力した。

ここで、二〇〇一年から〇三年までの、私もかかわった東北地方の動きを紹介したい。

まずは、布施顕彰運動の有志・櫻井清助と黒田大介が立ち上げた石巻文化センター所蔵・布施辰治資料研究準備会『布施辰治誕生七十年記念人権擁護宣言大会関連資料集』（二〇〇一年）、『布施辰治 植民地関係資料集 vol.1—朝鮮編—』（〇二年）である。櫻井の死後は、黒田が『植民地関係資料集 vol.2—朝鮮・台湾編—』

（〇六年）を編集した。この三巻（非売品）は、現に布施研究・啓蒙で寄与している。私はこの企画に賛同し、全巻の解説を担当した。作家・松田十刻のルポルタージュ「布施辰治を巡る旅」（『別冊東北学』〇二年）にも注目したい。松田は韓国へ行って鄭畯泳と李文昌を、国内は櫻井清助・黒田大介、そして私を取材し、布施顕彰をめぐる韓国と日本の温度差を指摘している。副題「『ある弁護士』に対する日韓の動と静」の「静」は日本（特に石巻地方）を指しており、私の意見を紹介しつつ「動」への期待を示唆している。

二〇〇三年は、布施辰治没後五〇年の節目の年であり、九月六日には仙台市で布施没後五〇年記念集会があった。多くの弁護士と市民が集まり、韓国国営テレビ（ＫＢＳ）が取材していた。講演者は、大石進「遺族が語る弁護士布施辰治の実像」、竹澤哲夫「東北入会権訴訟と弁護士布施辰治」、森正「弁護士布施辰治の生涯に学ぶ」だった。大石は親族しか知らない布施のエピソードを話し、布施の最後の弟子と自認する竹澤弁護士は、布施の弁護士としての誠実さを実体験にもとづいて話した。私は前半で、布施をめぐる日本と韓国の動向をふまえて運動の課題を指摘した（前掲の松田十刻が示唆する「静」から「動」へ）。後半では、布施が明治憲法下での「自己革命の告白」（一九二〇年）で位置づけた「民衆の権威」の意味を、日本国憲法が保障する国民主権・人権享有の主体者・個人の最大限の尊重などに照らして考えてみることの大切さを話した。詳細は、『弁護士布施辰治没後50年記念集会記録』（〇三年、非売品）を参照していただきたい。

ところで、戦前の朝鮮半島については、日本の植民地支配に蓋をして語ることはできない。その意味で、舘野晳編『韓国・朝鮮と向き合った36人の日本人』（明石書店、二〇〇二年）は注目すべき企画であり、私は布施辰治を担当した。三六人中の布施の特徴を知ってもらうという意味でも、執筆の機会をいただいたことに感謝している。

学術大会を終えた韓国の顕彰運動は、布施への勲章授与をめざして動く。二〇〇一年九月、鄭畯泳らが来日し、東京池袋の布施家菩提寺、石巻市の顕彰碑、石巻文化センターを訪れ、石巻市長と懇談する。この一連の行動は、勲章授与に値すると信じる布施辰治への深甚な表敬の意を表わしていた。なお、韓国の運動の一環だったと思うが、〇一年からの数年間、三・一独立運動記念日の直前になると私に講演依頼の電話があった。あいにく三月は大学が多忙な時期であり、急な要請でもあり、お断わりせざるをえなかった。

二〇〇三年三月末日、私は大学を辞した。

二　「布施語り継ぎ」使命感の実行へ

韓国での布施辰治への叙勲申請運動は数年間に及んだ。日本人への叙勲は前代未聞のことであり、韓国政府はそうとう苦慮したようである。そのためなのか、叙勲決定にかんする報道が錯綜し、対応した私も振り回された。そんな中、二〇〇三年には韓国国営テレビ（KBS）が叙勲支持の立場で番組を企画、私の所へも取材があり、出演した。前述の布施没後五〇年集会での取材もふまえていえば、KBSテレビの動向は盧武鉉大統領の背中を押したのではないだろうか。翌〇四年一〇月、盧政権は朝鮮半島独立への布施の多大の貢献を認めて、勲章を授与することを決定する。事前に、私は運動側の要請に応えて勲章授与の申請に必要な資料を提供していた。当初は「布施に勲章は似合うのか?」との戸惑いがあり、協力することに消極的だったが、抑圧・搾取民族の一員が被抑圧異民族の国家から表彰されるのは異例の出来事だと考え直した。

同年一二月二一日、東京の韓国大使館で勲章授与式があり、私も招かれて出席した。式典では、布施辰治＝遺族代表・大石進に「建国勲章愛族章」が授与され、多くの在日コリアンが駆けつけて祝福した。羅鐘一駐日韓国大使は、「勲章の授与は、韓日の新たな協力時代を開いていきたいという韓国の誓いである」と語り、私は、勲章授与は韓国民衆と韓国政府からの日本(人)への友好のメッセージであると理解した。

布施辰治への叙勲を、日本のメディアはどう報じたか。新聞各紙はそれなりの報道をした。私には朝日新聞から「私の視点」欄への寄稿要請があった(「朝鮮版シンドラー 叙勲は日韓友好の契機」二〇〇四年一一月二〇日付)。NHKテレビとテレビ朝日もとりあげ、取材に協力・出演した。後者は人気の情報番組「スマステ」が扱い、植民地の民衆と独立運動の闘士の人権擁護に尽力した布施の事績が広く知られるようになった。平和運動や歴史関係の雑誌などからも依頼があり、叙勲の意義について書いた。

布施辰治顕彰運動の中で二〇〇四年は特別の年だったが、布施が取り組んでいた東北地方の入会権問題の資料調査をしていた早坂啓造(岩手大学名誉教授)と邂逅したのもその年だった。場所は布施関係資料を所蔵する石巻文化センター、それ以降、奥の深い入会権について教示されることが多かった。また同年、大石進が台湾農民運動八〇年記念集会に招かれたことも記しておきたい。戦前、台湾二林蔗糖農民組合騒擾事件で布施が弁護したことによる招請だった。布施に渡台を要請したのは農民運動の若き指導者・簡吉だったが、一九五一年、蒋介石の軍隊に殺される。布施は臨終の床で、有能だった簡の死を惜しんでいる。集会は簡ら犠牲者への追悼の意図もあったようだ。こうして布施は、二一世紀に入って台湾で再び注目を集めたのである。

二〇世紀末からの韓国の布施顕彰運動は刺激的であり、日本側は布施の母校・明治大学が中心となって応える。二〇〇五年一月一三日、「韓国『建国勲章』受章記念シンポジウム『布施辰治・自由と人権』」を開催、併せて「布施辰治展」を開催した。シンポジウムの報告は、村上一博（明治大学教授）「明治法律学校と布施辰治」、山泉進（同）「社会派弁護士の誕生」、李文昌（国民文化研究所会長）「朝鮮民族との連帯」、森正（名古屋市立大学名誉教授）「布施辰治の人権思想」であり、聴衆の多くが学生だった。質疑応答も意義あるものだった。以上については、明治大学法学部『韓国「建国勲章」受章記念シンポジウム「布施辰治・自由と人権」』（二〇〇五年、非売品）を参照していただきたい。納谷廣美（明治大学総長）の主催者挨拶、李光衡（駐日韓国大使館首席教育官）・鄭畯泳（布施先生人権平和記念事業会代表）・大石進（布施辰治親族代表）の挨拶があったことを付記しておく。

注目したいのは、明治大学史資料センターがこのシンポジウムを機に、布施辰治と山崎今朝弥の資料調査と研究に力を入れ始めたことである。以来、「明治大学人権派弁護士研究」と銘打って、大学史紀要で布施と山崎を何回も特集する。また、『布施辰治著作集』（全一六巻・別巻一、ゆまに書房、二〇〇七〜〇八年）を監修している。別巻には、前掲の森・中村「布施辰治における戦前の著作活動」（戦後の著作を加筆）を収録している。同資料センターは、今や「布施語り継ぎ」の拠点になりつつある。

大学を退職する直前だったか？　私は小田中聰樹（刑事訴訟法学）の古稀記念論集への寄稿を要請され、戦前の「布施語り継ぎ」をまとめた。研究と啓蒙の両面から「布施語り継ぎ」を意識してきた私には遅きに失したテーマであり、執筆の機会を与えられたことを喜びとしたい。「語り継がれてきた布施辰治（戦前）」（小田中聰樹先生古稀記念論文集『民主主義法学・刑事法学の展望 下巻』、日本評論社、二〇〇五年）である。当然ながら、この論文は本書執筆への動機の一つとなっている。

数年後、私は尊敬していた法学者への追悼の意を込めて、年来の課題に取り組む。布施の求道的生涯を象徴する「自己革命の告白」の分析である。一九二〇年、布施は「民衆の権威のために」立ち、弁護士＝社会運動家として「法廷より社会へ」をめざした。紙幅の制限はあったが、「布施辰治『自己革命の告白』（一九二〇年）」（渡辺洋三先生追悼論文集『日本社会と法律学──歴史、現状、展望』、日本評論社、二〇〇九年）は記憶に新しい。

以上の二つの論文の間に、前進座七五周年記念公演「生きべくんば 死すべくんば 弁護士・布施辰治」（二〇〇七年三月二〇〜二五日）があり、私は準備段階からあれこれ取材され、脚本作りにも協力した。『法と民主主義』（〇七年二・三月号）は、特集で座談会を企画した。出席者は、森正・大石進・庄司捷彦・高見澤昭治・十島英明・山口誓志であり、私は公演の「原案制作者」と紹介されている。立派なPRパンフレットが作られ、私は「布施辰治『自己革命の告白』によせて」を書いた。布施はアジア太平洋戦争下で前進座の近代化に尽力、戦後の同座の隆盛に繋げた貢献者であり、前進座は布施公演という形で大恩に報いたのである。布施役は益城宏、妻・光子役は小林祥子で、多くの観客が布施の雄姿に魅入った。なんと、私は終幕後の舞台挨拶という大役をいただいた。

視聴覚に訴える「布施語り継ぎ」は続く。三年後の二〇一〇年、ドキュメンタリー映画「弁護士 布施辰治」が完成する。布施生誕一三〇年、韓国併合から一〇〇年、この映画は布施をめぐる一〇年余の日韓協力の真価を問われた企画であり、弁護士のほか各分野の著名人から成る製作委員会は試行錯誤しつつ前へ進む。幸い、石巻市・東松島市・女川町が後援、石巻・東北応援団が結成されるなど、支持・協力の輪が広がっていった。監督・脚本は池田博穂、布施役は赤塚真人であり、中村雅俊が友情出演している。私は当初から相談を受け、可能な限りの協力・応援をした。注目したいのは、在日コリアンの熱い支持、大韓弁護士協会の後援、韓国ロケにおける現地の劇団関係者多数の友情出演である。（私も出演したが）画面に登場する日本と韓国と在日コリアンの多彩な顔ぶれは、この映画の幅と奥行きを示している。

映画のPRを兼ねた『弁護士 布施辰治を語る――韓国併合100年に際して』（日本評論社、二〇一〇年）が出版され、阿部三郎・納谷廣美・梁東準・松井繁明・亀山紘・鈴木亜英・森正・庄司捷彦・伊藤真・本多明美・大石進・池田博穂が寄稿、「それぞれの布施」を語っている（私は「憲法と布施辰治」）。

しかし、試写会を含む上映運動が順調に進んでいた最中に東日本大震災が発生（二〇一一年三月）、上映運動は困難に直面する。実行委員会形式の上映運動は、当然ながら地域差が生じる。東海地方の名古屋市や岐阜市では震災前の上映もあり、私は上映挨拶や小講演のほか、市民や在日コリアンの集まりで講演をした。震災後、日本語・ハングル・英語版ＤＶＤが作成され、韓国でも活用されたようである。

布施映画への協力が縁で書いた論文もある。「布施辰治と二人の朝鮮人青年―一九三二年陪審法廷での闘い」（『法学館憲法研究所報』三号、二〇一〇年）である。特高刑事殺しで起訴された二人の朝鮮人青年の罪を軽くするために陪審法廷で布施が演じた渾身のパフォーマンス――、それは布施の数多の弁論の中で最も印象的な光景であり、私は前述した名古屋での演劇（一九九二年）でその場面を再現していた。事件の経緯と布施の類い稀な法廷闘争を紹介したのがこの論文である。

少し遡るが、述べておきたい講演がある。二〇〇八年一月一一日、私は東北芸術工科大学の「東北ルネサンスプロジェクトin仙台」企画で布施を語った。青・壮・老、ほど好いバランスの参加者だった。赤坂憲雄（民俗学）から、「民衆」が不可視の存在となった今の世に布施の思想は生き延びるのか、と問われた。私は現代においても目を凝らせば「民衆」の存在はみえ、その意味で布施の民衆観は必要とされているのではないかと答えたが、この問いは今も私の中に重い宿題として残っている。

映画「弁護士 布施辰治」の試写会が始まる三カ月ほど前、大石進から『弁護士布施辰治』（西田書店、二〇一〇年）が届く。大石が祖父の評伝を書いているのは、まったく知らされていなかった。親族が繊細で複雑な布施の心の襞を語った意義もさることながら、私は「あとがき」に衝撃を受けた。「私には通史のようなものを書くことを封じなければならない理由がある。理由の第一は、森正先生（名古屋市立大学名誉教授）が、二〇年ほども前から、そのことに取りかかっておられることである。理由の第二は、何人かの方から布施の伝記を書きたいという申出を受けて、私は第一にあげた理由を述べて、それが出来上がるのをしばらく見守っていただきたいとお願いしたことである。第三に、私は研究者ではないから、そのようなものを書く能力に乏しい」と。せめてもの罪滅ぼしにと、私は「しんぶん赤旗」の書評要請に応えた

（一〇年五月二三日付）。大石への謝罪とともに何人かの方々にお詫びをしなければならないし、おそらくその一人である故・向武男弁護士にはお詫びのしようがないほどお世話になった。

大石は、祖父にかんする前進座の演劇と映画製作への協力など、多忙な中で同書を執筆していたことになるが、あと一つ、高史明・大石進・李熒娘・李圭洙『布施辰治と朝鮮』（高麗博物館、二〇〇八年）にもかかわっており、私はこれらについても知らなかった。いずれの文章も、朝鮮（人）に寄せた布施の深い思いを的確に捉えており、中でも作家・高史明の「布施辰治と在日朝鮮人の私」は、少年のころの高と布施の感動的な出会いを再現しており、この本の価値をいっそう高めている。私は同書についても「しんぶん赤旗」で書評した（〇八年六月一日付）。

布施辰治と向き合って三〇数年、大石進からの「鉄槌」があった二〇一〇年、私は来し方をふり返り、（何が研究で、何が啓蒙なのか、説明しないでいえば）布施研究に集中することを思い定めた。それはもちろん、「布施語り継ぎ」を形あるもの、つまり布施評伝を仕上げることであった。

しかし、のっぴきならない要請には応えた。二〇一一年八月、岩手日報から布施と自然災害の関係を論じる原稿依頼があり、三陸大地震・大津波（一九三三年）の罹災者救援活動を紹介する一文を寄せた（八月一〇日付）。

ところで、二〇世紀末からの大がかりな司法改革にたいして、私は当初から反対の立場を鮮明にしてきた。とりわけ弁護士過剰がもたらす負のスパイラル現象を憂慮し、弁護士を大量生産する法科大学院制度を批判してきた。私は愛知県弁護士会の研究会から招かれて議論に加わり、報告も引き受け、時には布施辰治に言及し、講演も行なった。また、日本福祉大学の特別講義（年一回）で布施をテーマに語ることが数年間あった。杜撰きわまりない司法改革を直視すればするほど布施の事績を語らずにはいられない、そんな状態が今なお続いている。

二〇一四年一一月一三日（布施の生誕一三四年）、私はやっと『評伝 布施辰治』を世に出すことができた。出版事情を無視して大部となった原稿の大幅減量はあったが、それでも菊版二段組みで全一一二九頁の大冊となり、教え子からこんな電話があった。「先生のライフワークを購入しましたが、この本を読了するのが僕のライフワークになりそうです」。秀逸なジョークだったが、著者としての思いは「まえがき」にこう記した。「ふり返って思うことであるが、人気の関東大学箱根駅伝にたとえてみると、スタートからゴールまで、ずっと〝箱根の山登り〟だったような気がする。いまはようやく次のランナーに襷を渡した安堵の心境である。布施辰治についての多くの情報と若干の新しい知見を綴った本書が、〝布施辰治語り継ぎ〟に少しでも寄与でき、かつ日本近現代史の未解明分野の開拓に一石を投じることができれば幸いである」と。

拙著は新聞の広告欄に載ったが、その横に大石進『私記 白鳥事件』が鎮座していた。同書では、大石の洞察力と鋭利な分析力が全面展開され、かつ村上國治ら往時の活動家への人間愛が綴られている。その主たる内容が何たるかを分かっていた私ではあるが、「あとがき」を読んで再び恐縮した次第である。

ともあれ、拙著は「布施語り継ぎ」に寄与できたといってよいだろう。二〇一五年六月、明治大学史資料センターが主宰した「布施辰治！ 甦れ。―アジアの人権とコモンズ―」は、拙著出版が契機となったと聞いている。［報告］大石進「布施辰治評価の現在」、池田博穂「映画『弁護士・布施辰治』」、中村正也・

飯澤文夫「布施辰治資料（石巻文化センター所蔵）の現状」［シンポジウム］早坂啓造「布施辰治と岩手の入会訴訟」、李圭洙「植民地からみた布施辰治」、村上一博「布施辰治の私的所有権理解について」、［記念講演］森正「人道の弁護士＝社会運動家・布施辰治の生涯」であり、「布施語り継ぎ」を新たな地平へと誘う企画だった。併せて布施展覧会が開かれた。以上の全記録は、明治大学史資料センター『大学史紀要』二一号（二〇一六年三月）を参照していただきたい。

この企画の意義はまだある。二〇一一年三月の大災害以降、布施をめぐる日本人と韓国人の最初の集いだったこと、布施研究・啓蒙を東アジアへと広げていく可能性を感じる集いだったこと、である。なお、拙著執筆の視点などについては中日新聞に書いた（二〇一五年二月一五日付）。寄せられた黒田大介・新井章・渡辺治らの書評は、私の思いをよく汲んでくださっている。とりわけ渡辺は、私の布施研究の軌跡をふまえつつ今後の研究課題をも提起するという、長文の本格的な書評＝解読である（『法律時報』二〇一五年九月号）。これについては、本書Ⅲの［没後］四で紹介し、かつ私の考えを述べたい。

私の元職場（名古屋市立大学）の「市民学びの会」、愛知県弁護士会、当地方の研究者による研究会などからは講演・報告の依頼があった。同弁護士会では、二〇一七年、『弁護士（会）自治』への歩みと弁護士・布施辰治―日弁連の動向にふれながら」のタイトルで話した。要旨は愛知県弁護士会会報（二〇一七年二月号）に掲載されている。講演のさいの問題意識を弁護士法第一条に照射したのが、「弁護士法第一条の意義―先進的弁護士群像の軌跡を通して」（法律新聞、一八年八月三一日、九月七日付）であり、この論文を大幅に加筆修正したのが、「弁護士法第一条の意義―研究者が考える弁護士のあり方」（鈴木秀幸・水林彪編『司

法改革の検証 法科大学院の破綻と弁護士過剰の弊害』日本評論社、二〇一三年）である。

ところで、『評伝 布施辰治』は常識外れの大冊であり、出版当初から、布施の啓蒙にはコンパクトな本が必要との声が多かった。私は同意しつつも、ダイジェスト版でお茶を濁すつもりはなかった。ようやく八年後に出した回答が、『ある愚直な人道主義者の生涯―弁護士布施辰治の闘い』（旬報社、二〇二二年）である。「まえがき」にはこう記した。

本書の主テーマは、布施辰治の思想と行動の指針だった「人道主義」に注目し、それの成長過程をたどり、時代の推移の中での特徴と意義などを探ることである。……「人道主義」＝「ヒューマニズム」は、現代日本の災害救援ボランティア活動にみられるように、人間社会が存続する間は廃れないだろう。黒人差別に典型をみる人種差別、相変わらずの女性差別、コロナ禍の世界中で露呈しているさまざまな差別、政治と経済の貧困と混乱による世界的規模での難民問題などを直視するにつけ、人道主義は絶対に廃れてはいけないと思う。

とはいえ、人々が「人道主義」に込める意味は種々雑多であり、それゆえに一筋縄ではいかない概念である。この点を自覚しながら、「布施人道主義」の本質を明らかにできれば……と考えている。

拙著については、次の方々から書評をいただいた。朝治武・大石進・大塚茂樹・保阪正康、及び雑誌『前衛』（無署名）。その多くが、布施の事績を学ぶことの現代的意義を示唆している。大石は、前回の大冊拙著を意識しつつ評している。「この本は著者の深い学びを、布施における『人道主義』のその人になりきるまでの深化を切り口に、私たちに手が届く分量にまとめている」（しんぶん赤旗、二〇二二年八月二八日付）。

二一世紀に入ってかなりの歳月が経過した。日本はもとより、布施辰治の「人物と業績」が韓国で語られ、さらに台湾でもその兆候が認められるのは、布施の事績の全体像を明らかにするうえで、かつ布施を通してお互いの友好を育むうえで、きわめて意義あることである。布施は、過ぎ去った歴史の中で語られ、現時点においても未来志向でさまざまに語られている。その事績内容と「人となり」からして、これからもきっと幅広く、かつ深く語り継がれ、東アジア諸国民の連帯の絆を紡いでいくだろう。

（1）マルクス主義法学講座①『マルクス主義法学の成立と発展［日本］』（日本評論社、一九七六年）所収。
（2）名古屋市立女子短期大学『研究紀要』二七、二八号（一九七七、七九年）。
（3）「日本労農弁護士団事件について」（自由法曹団『団報』一一七号、一九八三年）。
（4）「布施辰治の生涯―ある弁護士のたたかい―」（名古屋市立女子短期大学『学生論叢』一八号、一九八六年）。後に森正『私の法曹・知識人論』（六法出版社、一九九七年）に転載。
（5）「布施辰治の事績と研究の現代的意義―顕彰碑建立を機に」（『法律時報』一九九四年一月号）。

Ⅱ　布施辰治関係資料を訪ねて

いうまでもないことだが、人物批評や評伝の執筆で不可欠なのは、当該人物にかかわる一次、二次資料である。布施辰治を例にすると、本人の日記・書簡・草稿・各種著作物・裁判諸資料（弁論草稿・被告への手紙・手記等）・事務所記録・講演録・証書・証言録・揮毫・写真・頭像・映像・録音・文具など、及び本人にかんする研究・啓蒙・批評・紹介・評伝・各種記事・講演録・追悼文・追想文・顕彰（碑）文・脚本、親族や親しい人たちの証言、などである。

生誕一四三年、没後七〇年、弁護士であり社会運動家だった布施辰治にかんしては、一九一二年ごろ（三〇歳過ぎ）まで、元号でいえば明治期の資料が、中でも一次資料が非常に少ない。しかし、大正期以降になると、厖大といってよい一、二次資料が現存している。

布施の一、二次資料、及び弁護活動や司法改革、各種社会運動関係などの諸資料（以下、総称して布施関係資料と略）を所蔵しているのは、宮城県石巻市の石巻市博物館（旧石巻文化センター）、東京都千代田区の明治大学、東京都小平市の朝鮮大学校である。これらの施設は布施と深い縁（出生地、母校・明治法律学校の後身校、朝鮮民族との友情）があり、いずれも布施の没後に親族から寄贈された（明治大学は独自にも収集）。

以上の三つの施設中、最も大量かつ総合的に資料を所蔵していたのは旧石巻文化センターであった。しかし、同センターが東日本大地震・大津波（二〇一一年）によって大きく被災、布施関係資料も一部破損し、いったん他都市の施設へ移されていたが、その後、石巻市内の仮施設に戻され、二〇二一年からは新設された石巻市博物館に収蔵されている（破損資料は修復済み）。なお、石巻市内に設置されていた二つの布施顕彰碑（一九五六、九三年建立）は、幸いにも破損を免れた。

布施関係資料は、布施辰治の「事績」と「人となり」を知り、その人物像にアプローチするのに必須というだけではない。布施が主体的にかかわった大正デモクラシー運動や昭和初期社会主義運動、司法改革、弁護士運動、労働・農民運動、入会権闘争、戦後民主改革・民主主義運動、平和運動など、日本近現代史の研究にとって有益な資料が多数含まれている。各施設で目録化されているが、資料の解説・解読を添付した目録を作成しているのは石巻市博物館だけである。なお、明治大学と朝鮮大学校の間には布施資料のデジタル化と共有化が実現している。

前述したように、私が布施辰治に学問的な関心を抱いたのは、一九七〇年代半ばのことである。七七年、私は宮城県石巻市を訪れて布施の甥・太田隆策に会い、太田が五六年に単独で建立した布施顕彰碑を見学し、布施昭平宅では貴重な布施資料（「挂冠の辞」など）を目の当たりにした。そして、私が北海道札幌市の布施鉄治（辰治の孫）宅に保管されていた大量の資料に出会えたのは、それらが石巻市に寄贈される三年前のことである。そのときの感動を私は、石巻文化センター『布施辰治関係資料収蔵品目録』（一九九二年）解説欄の冒頭にこう記した。

一九八五年一一月、北海道札幌市の布施鉄治氏宅のそうとう厖大な資料の前で、私は異常な胸の昂りを感じながら、しばらく立ちつくしていた。それらの多くが、「日記」や「書簡」「生原稿」「写真」といった、祖父・布施辰治の呼吸が伝わってくるような「分身」であることが、一見して分かったからである。

資料は、布施鉄治氏の自宅二階の一室に保管されていた。一階の上がり口や階段横には、有名作家による布施辰治の胸像が置かれ、肖像画が掛けられていた。「自己革命」を決意したことを知らせた手紙、入獄・出獄にあたっての感想を公表した文書、獄中での手記など、とにかくまめに書き続けた布施の「分身」の数々——、同氏宅は布施を研究する者にとって、まさに資料の宝庫だった。私が布施辰治に学問的関心を抱いてから八年目のことである。そしてそれらの資料が、一九九〇年、同じく布施の孫にあたる神奈川県鎌倉市在住の大石進氏所蔵の資料とともに、布施の生誕地である宮城県石巻市の石巻文化センターに寄贈された。一般論として、親族が資料を大切に保管することは、散逸を防ぐという意味で重要である。しかし、資料に社会的意義があればあるほど、学問的価値が高ければ高いほど、それらの研究・教育上の「社会化」が望まれるのであって、このたび公的機関に、しかも布施が愛してやまなかった生誕地に落ち着くことになったのは、まことに喜ばしいことである。……

すでに記したが、布施辰治関係の資料中、石巻文化センターに寄贈された資料は、特に布施に身近なものが多い。私は、一九八五年に次いで八七年九月にも札幌をたずね、合わせて一週間近くのほとんどを、布施鉄治氏の配慮で同氏宅に泊めていただき、同氏から祖父の思い出を聞きながら、かつ、資料の自由な閲覧と当面必要な複写を認めていただいた。もとより、厖大な資料のこととて、まさに垣間見る程度であったが、石巻市へ寄贈されてからは、「布施辰治先生を顕彰する市民の会」の調査要請で昨年一九九一年一二月と今年二月に、文化センターの協力をえて都合六日間ほど同資料に接した。一二月のさいには、「市民の会」のはからいで調査結果についての共同記者会見も設定され、各紙で報道された。しかし、調査はまだまだ終わっていない。……

布施関係資料との最初の出会いは、昨日のことのように記憶している。多種多様な資料の多くが眩しいほどの輝きを放っていて、日本近現代史と激しく厳しく切り結んだ布施辰治の雄姿を彷彿させてくれた。故・布施鉄治は北海道大学に所属する著名な社会学者だった。再びの訪問は夏休み中ということで二階の書斎で研究しており、傍ら、私のために朝・昼・晩の食事を作ってくださった。夕食時には酒を飲みながら、「爺さんはぼくに日記を書けとうるさくてね」など、次々と祖父の言動を回想しながらも、時々は現実の話題に切り替わって、社会学（界）や左翼運動の実態を厳しく批判していた。

同じ社会学者の故・布施晶子からも、深い配慮をいただいた。このことについて、私は『布施辰治関係資料収蔵品目録Ⅱ』（二〇〇五年）にこう記した。

一九九七年に鉄治さんの妻・晶子さん（現在、札幌学院大学長）を訪ねた私は、予想以上の分量の資料が残っているのを確認するとともに、それらを寄贈したいとの晶子さんの意志を確認した。晶子さんのお話では、鉄治さんは超多忙に加えて体調きわめて優れないなか、寄贈資料の整理をされていたそうである。そして、これは望外のことであったが、「残りの資料はまず森さんの家へ送りましょう。調査が終われば文化センターへ転送するように」との言葉だった。いきなり石巻へ送ってしまうと遠隔地に住んでいる森の調査が大変だろう、との配慮だったのである。晶子さんが整理した資料（段ボール二六箱分）が私の家に届いたのは、それからまもなくのことであった。……

時間を元に戻そう。

資料に囲まれながら、私は思った。これほどの貴重な資料がなぜ大量に残っているのだろうか、と。私は、布施の「自分は進行中の歴史に主体的に関与している、関与しなければならない」との強烈な自意識と、実際に関与したという事実、自らに関係する全資料を後世に残して利用に供したいという意識、それらに全面的に応えてきた親族や関係者の強い意志……などを考えた。稀覯資料というべき資料も多数あった。布施に直接かかわる資料でいえば、まず思い出すのが、「一九四七年四月選挙病中のウハ言」と題された手書きの冊子である。一九四七（昭和二二）年、布施が宮城県知事選挙に立候補中、体調を大きく崩して重篤状態に陥るという緊急事態が発生、石巻市の日赤病院で延々と発した「うわ言」を秘書の高橋欣一郎が書き留めたものである。「進君遭難記」（代筆）という資料もある。孫の大石進が自宅の階上から転落、頭部を強打して入院したときの布施の心の動きが生々しく記されている。また、布施の命を奪った胃がんのレントゲン写真の原板が多数保管されており、「屍体解剖を希望する遺書」や臨終のさいの治療メモなども残されている。

「これぞ親族の炯眼」というべき判断で残された資料もある。「暗い谷間の時代」のいわゆる聖戦協力にかかわる諸資料である。この種の資料については、世に知られた人であればあるほど、本人や親族や関係者が廃棄ないし封印してしまうケースがままあるが、小さなメモの類いまできちんと保存されている。それらに接したとき、当然のことではあるが、私は厳粛な気分になった。波瀾万丈だった「人間・布施辰治」を語るには、まさに不可欠な資料なのである。

前述のように布施関係資料が公的施設に所蔵されているのは、いろんな意味で良いことである。それぞれ資料整理もされている。あとは「死蔵」にならないような扱いが重要となる。資料というもの、研究者など特定の立場の人間だけでなく、広く一般市民が気軽に閲覧できなければ、確実に「宝の持ち腐れ」と化してしまうからである。私の知る限り、旧石巻文化センター（現、石巻市博物館）と明治大学は、布施関係資料の目録作成、閲覧などで前向きに対応してきた。石巻文化センターは、東日本大地震・大津波までは、布施の常設コーナーも設置しており、二〇〇九年には従前を上回る規模の布施展示会を開いている。また、明治大学は〇五年と一五年、布施関係の講演・シンポジウムに合わせて展示会を開いている。展示会は視覚に訴える「布施語り継ぎ」といえ、重要な企画である。

ところで、布施が亡くなった翌年、命日の日付で、小冊子ではあるが『布施辰治 対話抄集』（私家版）が編まれた。冒頭で世話人代表の馬島僴が布施辰治全集の編纂を示唆しているが、日の目をみることはなかった。しかし、没後五四年目の二〇〇七年、前述したように明治大学の大学史資料センターが動いて、同センター監修『布施辰治著作集』（全一六巻・別巻一、ゆまに書房）が発行された。全集ではないが、きわめて貴重な資料集である。

布施辰治の事績を調査し、研究するために必要な資料はあり余るほど現存している。私の手許にも、大半は複写版であるが、間接資料を含めるとダンボール箱約四〇個分ある。前述の布施関係資料からの複写資料に加えて、布施の親族や布施を知る弁護士らから頂いた資料、聴取した録音テープ、そして、各地の大学図書館・公共図書館などからの複写資料などである。同時に、前述の中村正也（明治大学図書館司書→明治大学史資料センター研究調査員）ら友人の手厚い協力もあったが、インターネット等の情報手段が未発達だった若いころに、これらの資料収集に注いだ時間と情熱は半端ではなく、それは布施辰治という人物が発散する人間的な魅力と不可分だった。

［閑話］

「資料」に関連して、若いころの記憶が蘇った。教職に就いて三〜四年経った一九七〇年代前半の夏休み、私はマルクス主義法学の旗を掲げて公法・憲法学界ですばぬけて著名だったA教授を、長野県木曾駒高原の山荘に訪ねた。教授は当時五〇歳前後、机に向かう傍ら近くのゴルフ場でコースを回るのが日常？だったが、近所で開かれる護憲や平和運動の学習会の講師や助言者要請に積極的に応え、出版関係の編集者や私のような訪問客にも気分よく応じるなど、「下界」との繋がりも大切にしていた。

教授の学問的生産力はきわめて旺盛で、多くの頼まれ原稿をこなしつつ、初秋を迎えて下山するころには新著の原稿を仕上げているという、まさに異次元の存在だったその人に向かって、私は軽い気分でまことに幼稚な質問をした。「先生はどうしてそんなに速く書けるのですか?」と。私が出来の悪い門下生(「弟子」)だったからだろう、一瞬間をおきながらも想定外の返答があった。「手許にある資料が限られているからだよ」と。さすがにやや苦笑しながらではあったが、愚問にたいする返答にしてはひどくリアルであり、かつ意味深長を感じとった私は「はぁ……」と嘆息をもらし、会話はそこで終わった。しかし、長い歳月をへて今もなお、私にはある種の真実を衝いた返答だったように思えるのである。

山荘からの帰途、はたと思い出すことがあった。A教授の代表作といえる著書の「はしがき」に記された苦労話のことであり、後半部分の原稿は、フランス留学へ向かう船中と滞在先のパリで執筆したというのである。時はあの一九六〇年安保闘争の翌年のこと。「はしがき」には、資料が枯渇した状態で筆を進めた苦悩とともに、著書の不十分さを告白して読者に詫びている。

誤解を恐れずにいえば、私がよく知る時代のA教授は、内面では葛藤を抱えていたように思うのだが、表向きは「天馬空を行く」の如き存在だった。学徒動員から生還して研究者の道へ進み、国内外の憲法(史)研究で若くして学界に確固たる地歩を占め、他大学出身者(私もその一人)を含めて相当数の大学院生を指導し、かつ日本国憲法を守り育てる市民運動のオピニオンリーダーとして全国的に躍動していた。そのあとについては省略するが、生涯を通して厖大な著作物を発表し、多くの大学教員を育て、数々のエピソードを遺して、二〇〇九年夏、疾風怒濤の人生の幕を閉じた。

A教授の初期の「弟子」の一人だった私は、あるとき突然、人生の転機を迎えることとなる。山荘でのやりとりから数年後、私は教授から依頼されていたイギリス憲法関係の原稿をめぐってレベルの低い大衝突を起こし、その後も別件で中衝突、単純直情な性格の赴くままに「師」の謦咳に接することを生涯拒絶する道を選んだのである。少し大げさにいえば、それは学問活動における孤立を意味し、事実、かなりの程度の不如意を体験することになる。

思えば、大衝突は説明抜きの、つまり問答無用の原稿却下を私が強く批判・非難したことで勃発した。中衝突については言及を避けたい。ともあれ、私はこれら二つの事件を悔いる気持ちはまったくなく、むしろそれは必然だったと認識しており、その後の研究者としての生きざまをふり返ると、まさに記念すべき事件だったと確信している。とはいえ、前述した戦前日本の弁護士群像の法律闘争を検討する機会をA教授から与えられた者として心残りをいえば、布施研究の進捗状況を永遠に伝えられなくなったことである。

話を元に戻したい。布施辰治をよく知る二人の弁護士が語っている。「波瀾に富んだ布施については、社会科学者による本格的な伝記が出てもよいだろう[1]」。「この尊敬すべき、興味ある大型の人物について、その思想にまでふみこんだ評伝のあらわれることに期待したい[2]」。浅学の身ながらも、これらの発言に刺激され励まされて、布施研究をライフワークとしてきた私の能力不足と怠惰を棚に上げていえば、手許に資料があり過ぎることで評伝執筆が大幅に遅れてしまった、という笑えない現実がある。しかし、木曾の山荘でのA教授の衝撃的な発言から四十有余年、二〇一四年一一月一三日付けで、私はようやく布施評伝を世に出すことができたのである。

（1）森長英三郎『日本弁護士列伝』（社会思想社、一九八四年）。初出は『別冊判例タイムズNo.3』「現代社会と弁護士」（一九七七年）。
（2）上田誠吉『昭和裁判史論 治安維持法と法律家たち』（大月書店、一九八三年）。

Ⅲ 「布施辰治語り継ぎ」の百有余年

時期区分について

言わずもがなのことだが、「布施辰治語り継ぎ」の百有余年には消長があり、布施生存中と没後における時期区分が必要である。

布施辰治の思想と行動の原点である「布施人道主義」の推移に目配りしつつ、さまざまな「語り」を概観するのが妥当だろうと思うので、布施生存中の「語り」の時期区分は、拙著『ある愚直な人道主義者の生涯―弁護士布施辰治の闘い』(二〇二二年)における時期区分、すなわち、第一期　揺籃の「布施人道主義」(一八八〇～一九〇三年)／第二期　純真なる人道主義者の登場(一九〇三～一二年)／第三期　民衆と紡いだ「布施人道主義」(一九一二～二三年)／第四期　東奔西走の「布施人道主義」(一九二三～三二年)／第五期　光と影の「布施人道主義」(一九三二～四五年)／第六期　終わりなき「布施人道主義」(一九四五～五三年)を準用したい。

ただし、第一期に該当する時期(一八八〇～一九〇三年)は、布施本人があれこれ評される存在にまでは達していないので、「序　生誕から司法官試補辞職まで(一八八〇～一九〇三年)」とした。従って、第二期が一、第三期が二……と、順に繰り上がって、第六期が最後の五となる。

続いて布施没後の「語り」の時期区分であるが、「語り継ぎ」の動向をふまえて、一（一九五三〜七七年）／二（一九七七〜九九年）／三（一九九九〜二〇〇五年）／四（二〇〇五〜一七年）とする。四の終了年が二〇一七年となっているのは、それ以降の「布施語り継ぎ」の検索が十分ではないからである。

布施生存中における各時期の布施の事績紹介は、最小限にとどめた。詳細な事績、その他の諸々については、前掲の拙著（二〇一四年、二二年）を参照していただきたい。なお、布施生存中の第二〜五期の冒頭には布施にかんする象徴的な「語り」を掲げる。ただし、第二期と第五期については該当期にかかわる「語り」ではあるが、後年に明かされた「語り」であることをお断わりしておきたい。

序　生誕から司法官試補辞職まで（一八八〇〜一九〇三年）

「頃者執務の実際に方り、誠心誠意悔い改めて、清浄一点の汚れなき彼等の心胸予は是れを諒するも、汝の主観を立証するものなきの憐さ、遂に国法の容るゝ所ならずして、背に鞭ちせざる可からざる峻刻に過ぐるの傷感は、予をして断然職を抛ちて布衣の身たらん事を決心するに至らしめぬ」（布施辰治「挂冠の辞」一九〇三年）。

宇都宮裁判所にいた布施辰治が、一九〇三（明治三六）年九月、司法官試補職を辞したさいに公表した「挂冠の辞」の一部である。これが社会に向けて発信した最初の文章である。深く同情すべき子連れ女性の無理心中未遂（自首）事件で、厳罰の国法墨守を主張する上司と厳しく対立、無位無冠（平民）の人道主義者として生きていくことを宣言している。布施は赴任地の新聞に辞職の弁を掲載、司法部を驚愕させたといわれる。「挂冠の辞」は『明治法学』や『大衆経済』、本多久泰『全民衆の味方 吾等の弁護士 布施辰治（明治篇）』などに転載される。そこに示された「正義感」は、幼少年期の知的環境によって育まれたと考えられる。

一九二九（昭和四）年、布施は布施家墓碑に次のような文章を刻んでいる。

……三代藤吉ノ仁侠郷黨ニ著聞シテ其ノ家系ヲ重カラシム……五代榮治郎ハ明治維新ノ變革期ニ人ト為リ學ヲ好ミ禮ヲ修メテ郷黨ノ子弟ニ教ワル所アリシモ一切公務ニ與ラズ自ラ醉翁ト稱シテ外ニ韜晦シタル自由平等正義眞実ノ大観ヲ東吉　辰治ノ二子ニ説イテ社会變革ノ遺志を襲カシム

布施家墓碑から、三代目藤吉と五代目栄治郎の部分を紹介した。藤吉は布施辰治の曾祖父にあたり、栄治郎は父親である。この二人が、幼少年期における布施の「知」の形成に最も大きな影響を与えたのである。

布施辰治は、一八八〇（明治一三）年一一月一三日、宮城県牡鹿郡蛇田村に生まれている。以下、幼少期から司法官試補辞職（一九〇三年）、満二三歳までを概観しておこう。前述したように、拙著（二〇一二年）

における時期区分の見出しは「揺藍の『布施人道主義』」であった。それには藤吉と栄治郎の存在が大きかった。

「栴檀は双葉より芳し」の喩えの通り、幼児期から只者ではなかったようだが、布施家の家名を高めたとされる。

まず藤吉であるが、仁侠（弱きを助け強きを挫く）の士として世間によく知られ、布施家の家名を高めたとされる。この藤吉についてはもう少し詳しい資料がある。還暦を迎えた布施は、一九四〇（昭和一五）年、郷里で営んだ布施家法会の招待状にこう記している。「曾祖父藤吉と云ふ人は、大変義侠心が強く、年末には、年の取れない者がないかといつて、近隣一帯を廻つて歩いたものなそうです。又、遠来の地方人や、親戚・知友間の子弟を迎へて指導を与へた為め、この人以来、私の生家は殆んど倶楽部のやうな解放的な家風を作り、私の幼年時代にも随分いろ〳〵の地方人が足を止めて、さま〴〵の事を聞かせてくれたものです」。

注目したいのは、「倶楽部のやうな解放的（開放的？ 引用者）な家風を作り……」である。藤吉は布施家を「さま〴〵の事」、おそらくは政治・経済・文化などを自由に語らう場とし、それが家風となって明治維新期へと引き継がれた、というのである。布施辰治は人々の「知」の交流の家に生まれ、成長していったのである。

布施は臨終の床でも藤吉に言及している（『布施辰治対話抄集』）。一九五三年夏、太田慶太郎（社会運動家）から弁護士になった動機を聴かれて、「僕の家は全くの農民で永いこと続いているんですが、ヒイじいさんに当る人が弁護士みたいな人だつたんだね。農民が領主に困らせられると領主に嘆願し説き伏せてくるんです」と語っている。弁護士になった動機はこれだけではなかったが、父親が口伝えした曾祖父の「仁侠心」が「三つ子の魂」となり、やがて「弁護士魂」となったことは間違いない。実際、布施には「任侠是弁護士の使命也」という揮毫がある。晩年、弁護士道を講じたさいのメモにも同旨の言葉がある。「任侠」＝「仁侠」は、弁護士・布施辰治の生涯を通した処世訓だったのである。

父親の栄治郎については、前掲の墓碑に簡潔に記されている。布施の幼少年期、自由民権運動は栄枯盛衰の消長を示したが、運動に参加しなかっただけに屈折することがなかった栄治郎は、三代目由来の自由な場で、二人の子どもに「自由平等正義眞実ノ大観」を純粋に語ったのだろう。また、東北地方に接する栃木県には、民衆の尊厳を守るために闘う人物がいた。衆議院議員・田中正造であり、一八九一年から議会内外で足尾鉱毒問題と向き合っていた。父親は物心がつき始めた子どもたちに、田中の不屈の闘いをよく語ったという。後年、布施は二人の人物を「師」と仰ぐが、その一人が田中正造であり、もう一人がロシアの文豪・思想家レフ・トルストイだった。

尋常小学校を卒業した布施は、兄の東吉とともに家業を手伝いながら漢学塾に通い、家では人文系の書籍に親しんでいる。後年、治安維持法違反で検挙されたさいの「獄中手記」には、「幼少期ヨリ十七八才頃マデハ志士烈士侠客等ノ伝記物ト歴史軍談物及漢籍物」を読んだ、とある。

幼少年期の布施の周りには、今野賢之丞（漢学者）・安倍辰五郎（洋医）・四野宮弥代治（数学者）ら、父親繋がりの知識人がいて、彼らから幅広い「知」を学んでいる。中でも、今野賢之丞と安倍辰五郎は特別だった。今野からは「個」としての人間の良心＝善性を信じる大切さを、安倍からはキリスト教（思想）と進化論の社会的意義を学んだようである。安倍は布施家の親戚筋にあたり、東京で医学を修めて地域医療に尽くしていたが、その言説「二十世紀の大事業は高い〝哲学〟の発見だ」[1]は布施を強く刺激したといわれる。また晩年の回想によれば、高名な哲学者・井上円了の講演を石巻で聴いて感動したという。

時代は一九世紀末、田中正造は新たな洪水でさらなる鉱毒被害にあった住民の請願運動を一身に背負って(「保木間の誓い」)、いわゆる隈板内閣と決死の覚悟で交渉していた。政府の野放図な近代化政策は鉱毒問題を発生させただけではなく、日本中の農村を疲弊させていた。多感な布施少年の胸中には、当然のように「救世の志」が育っていった。

一八九九年の早春、布施辰治は勇躍して東京に出る。そのとき満一八歳、生活していくために新聞配達員となるが、日々の暮らしは厳しく、学問の方向や信仰の問題でも紆余曲折を経験する。首都・東京にはさまざまな思潮が渦巻いており、布施は郷里で学んだ柔軟な「知」の教養を土台にしてそれらを貪欲に吸収していった。読書については、「十八九才ヨリ二十一才頃マデハ哲学物及宗教物、二十一才ヨリ二十三才頃マデハ主トシテ法律物及社会問題ニ関スル物」(前掲「手記」)とある。そのうちの社会問題では、中江兆民・横山源之助・幸徳秋水・安部磯雄らの著書を読んでいる。

石巻での安倍辰五郎の教えの実践ともいえるが、布施は内村鑑三のキリスト教を初めとして、いくつかの宗派・教会と交わっている。短い間だったが、日本ハリストス正教会ニコライ堂の学僕だったこともある。亡くなる直前、正木ひろし弁護士に「僕はクリスチャンの洗礼を受けたんですよ」と語っている。まもなく神学校の校長と衝突して正教会を去るが、そのころに抱いたキリスト教(思想)への親近感は生涯揺らぐことはなかった。以下は、東京築地の聖ポーロ教会での若き日の一コマである。冒頭の「此の事」とは、布施の精神史における一大エポックたる「自己革命の告白」（一九二〇年）を指している。(2)

私は此の事に就て、終生忘るゝ事能はざる青年時の感激を有つて居る。夫れは英国から来て居た聖公会の牧師バンコム師と云ふ人の処に行つた或晩の事である。何時もならば二十人位集る講義所に誰も来るものゝない大雨の降つた晩に唯一人行つた私に対して、牧師バンコム氏は、総ての人の間違は、人の前に誇りたがる所から起ると言はれた、私は其の時極めて純真な英雄論を持ち出したら、夫れは結構な考へであるが、人の前に英雄たらん事を欲すると、其処に間違が起るから、神の前に英雄たるべく心掛けねばならないと言はれたのを、今日に至るまで忘れる事が出来ない。

後年、布施は人々から「人道の弁護士」「民衆の弁護士」などと敬愛され、しばしば英雄視されたが、世間での評判を計算した結果ではなかった。布施は俗世の評判に流されることを努めて避け、「神の前の英雄」たらんことを念じて、諸活動に携わっていたのである。活動の原点にあったのは「無私の精神」だった。しかし、布施は時として「売名家」と誤解されたり、中傷されたりしたが、基本的に「無私の人」であり、圧倒的多数の人たちはそのように受けとっていた。そのゆえに、布施の人柄とその事績は、現代に至るまで延々と、飽きることなく語り継がれているのである。

一八九九年秋、布施は明治法律学校に入学、一九〇二年に卒業する。在学中の行動では次の二点に注目したい。一つ目は、（前掲「手記」に弱者への同情を最も刺激された事例の一つとして足尾鉱毒問題をあげているが）苦闘する田中正造のもとへ馳せ参じようとまで思いつめたが、最終的には学業を優先して断念したことである。二つ目は、清国と大韓帝国からの留学生と親しくしたことである。留学生との交流は彼らの母国の窮状を知ることに繋がり、インターナショナルな連帯意識を育んでいっただろう。

一九〇二年、布施は明治法律学校を卒業し、同年、判事検事登用試験に上位で合格する。最初の赴任地は栃木県宇都宮地方裁判所だった。しかし、前述したが、仕事で先輩司法官らとしばしば対立し、一年足らずで司法官試補を辞めてしまう。

放縦な夫に妻が絶望して子どもを道連れに自殺を図ったが果たさず、自首したにもかかわらず重い殺人未遂罪の適用――、布施はこれに強く反対し、それが通らぬと判断すると辞職の道を選び、地方新聞に「挂冠の辞」を公表したのである。「挂冠」とは、「官」を辞すことである。前掲布施評伝の著者・本多久泰は、この衝撃的な行動について「司法部内は驚愕した。一般法曹界並に世間でも少壮法官の異常なる進退として、之には驚異の眼を刮つた」と記している。以下は、辞職の弁の核心部分である。「挂冠の辞」は地方新聞に発表されたようだが、特定できていない。その後、それは複数の出版物に掲載される。ここでは母校の明治法学会『明治法学』六号（一九〇三年）に掲載されたものを紹介する。

……予の常に懐抱する社会政策としての兼愛主義、人生観としての自己本能主義、簡言以て両者を併称すれば、理想対現実の向上発展を目的とし、天職の実行を任とする直覚の信念あり、従て国家至上主義を国是とする政府の下に、官吏たるを屑とせざる忡憂の絶へざるあり、猶ほ之れに加ふるに、予の信じて真善美とする倫理感、特に刑罰の笞を以て悔改を促さる可き罪人とは、夫れ果して如何なる者なりやとの見解と、国法の厳規して仮借する所なき、犯罪茲にあれば刑罰必ず至る的なる立法精神の扞格とに起因する、執務実際の上に於ける深刻の痛苦あり、予の傷心浩嘆や、実に口云ふ可からず、想及ぶ可からざる者なりき。

而かも忍んで今日に其職を奉ぜし所以のもの、他なし初め所思の存するありて一旦身を官海に投じ、頃零項些事の意に適はざるを激して、其の方針を変改する軽佻の去就を欲せざりし為めのみなりしが、頃者執務の実際に方り、誠心誠意悔い改めて、清浄一点の汚れなき彼等の心胸予は是れを諒するも、汝の主観を立証するものなきの憐さ、遂に国法の容るゝ所ならずして、背に鞭ちせざる可からざる峻刻に過ぐるの傷感は、予をして断然職を抛ちて布衣の身※たらん事を決心するに至らしめぬ。……

※「布衣の身」とは、無位無冠の身、すなわち在野の人間になる、という意味である。

同時に、布施は以下のような激越な歌も添えている。

抛職の歌

白州に立ちし罪人も／誠迷を悔し時／最も憐の人の子よ／あゝ今何んの咎ありや／法規犯せる負責と

て／背に鞭するの無惨なる／あゝ無惨なる／虎狼の為なる我が職を／あゝ予は抛てんいざ抛てん

殺人未遂罪の女性を救えなかった原罪意識――、これこそが「挂冠の辞」と「抛職の歌」発表の原点だった。そしてそれらには、ふる里の石巻と東京で身につけた思想が散見される。東洋思想の兼愛主義・キリスト教思想の贖罪懺悔主義・反国家至上主義・真善美の倫理観・在野精神などであり、根底には人間の善性を信じる哲学と、扶弱挫強の任侠心があった。

「挂冠の辞」と「抛職の歌」は、布施辰治満二二歳の到達点を示しているとともに、「官」と厳しく切り結ぶ弁護士への道の指針となっていったのである。

一　異色の刑事弁護人（一九〇三～一一年）

……「監獄と裁判所とを半分づゝ駈け廻つて遂に今日の地位に達したのだ。何時でも監獄の面会には大抵十四、五人もあるから後番の弁護士諸君より人権保護の為め五人以上を許す可らずと叫ぶ者もある位だ。尤も誰やら弁護士がタツタ一人に面会して正午頃から三時迄も独占したのに較べて君の面会は甚だ要を得て居る……」（法律新聞、一九一〇年八月五日付）。

布施辰治が弁護士となって六年余り、法律新聞が報じた未決監での接見の様子である。当時の弁護士界における布施の位置を知るうえで有益である。続いて、「君の面会は甚だ要を得て居る。第一に君は決して腰を掛けない。第二に諄々しき弁解を聞かぬ。此点彼点と要所丈を圧へる様に聞き質してヂツと相手の顔を見詰めて自己の心證を造る事に心掛くる」とある。その道二〇～三〇年のベテラン弁護士のような手際の良さである。

当該期は、元号でいえば明治末年までである。布施の回想によれば、「この十年間は極めて純真な感情に燃ゆる人道主義者として、弱きもの正しきもの虐げられるものゝ為にそれこそ扶弱挫強の弁護士使命を任じて戦ひ」を展開した時期である（「弁護士活動三十年の慰労と激励に感謝する」『プロレタリア科学』五年二号、一九三三年）。これをふまえて、前掲拙著（二〇二二年）では、「純真なる人道主義者の登場」という見出しをつけた。

布施が東京で弁護士登録をしたのは一九〇三年一一月一三日、満二三歳になった日である。読書傾向としては、前掲「手記」に「二十三才以後ハ職務関係ノ法律書及ビ、ゾラ、ユーゴー、トルストイ、ドストイフスキイ、ツルゲネフ、ゴリキイ、バルザック等文芸物」とある。

苛酷な国法墨守を内部告発して再出発した青年弁護士は、前科のある被告や貧困な被告の弁護（川村・服部事件や助川事件など少なからぬ殺人冤罪事件を含む）、東京市電値上げ反対運動関係での兇徒聚衆事件や東京市電スト事件の弁護などに献身的に取り組み、早くも明治末期の時点でかなり著名な弁護士となっている。しかし、その名前が新聞や雑誌などに登場することは少なく、年齢もまだ三〇代前半、活字媒体による布施評は非常に少ない。

前掲の法律新聞記事の四年前、つまり弁護士となってわずか三年余、布施の人間像を垣間見させてくれる資料がある。森近運平（社会運動家、大逆事件で非業の刑死）による兇徒聚衆事件の法廷レポート（一九〇六年）である。(3)

検事が斯の如き軽々なる事件を目して兇徒聚衆といふが如き重大なる罪名を付するは、之れ一は事件真相を誤解し居るが故なると喝破し、更に検事の論告に肉迫して、検事は、常に兇徒聚衆罪てふ色眼鏡をかけて此の事件を覗ふが故に、遂には何でも無きことも兇徒聚衆罪に結びつけ終れるなりと痛快に翻弄し去り、……人間の良心を侮辱するの甚だしきものと云ふべしと検事の頭上に大痛棒を加へ……

著名な今村力三郎・花井卓蔵らが構成していた弁護団に志願して中途参加した青年弁護士の弁論は、最も辛辣な検事批判を展開したようである。とりわけ、被告の良心を侮辱する検事を弾劾する姿は〝人道の弁護士像〟を強く印象づけたのではないだろうか。

『日本弁護士総覧』（一九一一年）での布施評は中身がある（無署名）。

弁護人は犯罪事実の有無を論ずるの外に於て犯罪の動機に就いて大に弁論の必要あり故に如何なる刑事々件に就いても弁護人の必要がある。と気焔を吐く処は万更ら手前味噌ではない。……東都青年弁護士中刑事々件の数に於ては君と添田君であると同僚の評判。又棋客としての君は其技倆中々素人離れのしたもので二段の資格があるさうだ。

布施が満三一歳、弁護士歴八年弱のころの評である。そのころには、刑事弁護人として東京で確固たる地位を築いていたのだろう。

この期を締めくくる意味で、法律新聞の連載欄「法曹の朝と晩」から布施本人の発言を紹介しておきたい（一九一一年一二月二〇日付）。推定すると、時期は明治四四年の秋のころだろう。

極く不規律な方で極まりがない夜は十一時頃に寝る、雑誌や新聞を読むのが一番の楽しみで此処三年位出来る丈けの修養をして見たいと思つて居る、修養が足りないので世間へ顔出しするのは如何にも気が引ける、酒は毎晩飲む、朝は遅い方で何時でも起される、さうして私は朝床に温つて寝て居ることが大変好きで朝の散歩などは余り好かぬ、時偶子供を連れて閑静な所へ散歩に出掛けることがある位だ。

「修養」とは何なのか。少年のころから志していた東洋・西洋哲学を学習して人間を磨くことを意味していたのだろう。年々多忙にはなっていたが、まだ私的な時間がそれなりに保障されていたころの布施の日常である。後半は、休日の朝にみられた光景なのだろう。時々は子供を連れて……とあるが、長男の丙午（柑治）と長女の乃文子を連れて散歩したのだろう。しかし、寧日なき超多忙の日々は目前に迫っていた。

当該期における布施辰治にかんする「語り」からみえてくる弁護士像は、法廷で検事と真っ向対決し、公平な裁判の実現をめざし、犯罪の動機解明に熱心な社会派青年弁護士像である。後年、布施はこの期を「純真なる人道主義」の時代だったと回想している。当時の日記に綴られているが、そのころ布施は、ロシアの文豪＝思想家のレフ・トルストイと足尾鉱毒被害の告発に挺身していた田中正造を、日々の「祈りと学び」の対象と位置づけつつあった。

一九一〇年、幸徳秋水・大石誠之助ら二〇数人が犠牲となった、明治時代における、否、日本近代史における一大デッチ上げ事件＝大逆事件が発生する。そして、それを機に生じた言論弾圧の嵐はまさに常軌を逸しており、弾圧は堺利彦・山川均・荒畑寒村ら社会主義者にたいするだけではなく、自由主義者といわれる人たちにも及んだ。歌人の石川啄木が「時代閉塞」と表現した「冬の時代」の到来である。そのような中、急進的自由主義者というべき立場だった布施辰治は、人権擁護の弁護活動にひたすら汗を流している。

二　民衆に寄り添う弁護士＝社会運動家（一九一二〜一三年）

「到底度スベカラザル、抜クベカラザル饒舌ノ人道主義者」（堺利彦、一九二〇年）。

布施辰治にかんする「語り」で、最も簡潔で的確なのが、社会主義運動の長老的存在だった堺利彦の弁である。

一九二〇年の夏か秋、山崎今朝弥・堺利彦・山川均・大杉栄は布施事務所を訪ねる。構想していた日本社会主義同盟への参加を要請するのが目的だったようだが、なんと四時間ほど延々と布施の持論、おそらく人道主義（者）論を聴かされ、堺が発したというのが冒頭の「語り」である。大方の予想に反して？布施は要請に応じなかった。この堺の布施評を紹介したのは山崎今朝弥であり、布施が連座した日本労農弁護士団事件（一九三三年）第一審の弁論で明かしている。(4)

一日、堺利彦、山川均、大杉栄ヲ誘ヒ、私ガ布施君ノ四谷荒木町ノ事務所へ打チ揃ツテ行ツタコトガアツタ。其ノ際、堺、山川ハ布施君ニ思想問題ニ就テモノヲ教へ、行ク々々ハ自分ノ仲間ニ布施君ヲシヨウト云フ下心デ、其ノ話モスル積デ行ツタノデアル。然ルニ、布施君ハ遂ニ四時間バカリノ間一人デ喋リ続ケ、説明シ、説教シテ、他人ニ一語モ吐カセナンダコトガアル、其時堺君ハ「到底度スベカラザル、抜クベカラザル饒舌ノ人道主義者」ト評シタ。

山崎の証言に虚偽はないだろうと思う。説教を含めて持論を、しかも堺らに一言も口を挟ませずに四時間しゃべり続けたというのだから、堺は「どうにも手に負えない饒舌の人道主義者」といわざるをえなかったのだろう。そのころ布施はトルストイアンとしても知られ、「人道主義者＝熱烈なトルストイアンである」と認識されていただろう。当該期の布施辰治像を、堺は実に鋭く的確に描写している。

ところで、堺の弁は未公開の裁判資料であり、冒頭に掲げるにあたっては躊躇するところがあった。しかし、該当資料が石巻市の施設に収まっていて閲覧可能であること、社会運動で布施と親交のあった堺利彦が当該期に発している、などの理由で敢えて冒頭に掲載することにした。

当該期は、一九一二年七月（元号が明治→大正に代わる）以降、約一〇年余の期間である。

一九一〇年代後半、大正デモクラシー運動が台頭し、長きに及んだ「冬の時代」がやっと終わる。多岐多様な言論活動が芽吹く中、壮年期に入ろうとしていた布施辰治は、司法と社会運動の分野で縦横に活躍していく。順不同で例示すると、全国単独巡講を柱とする普通選挙制度要求運動、司法改善運動、鈴ヶ森お春殺し事件の被告小守壮輔の弁護と冤罪告発キャンペーン、島倉儀平事件の被告島倉の弁護、「自己革命の告白」（法廷より社会運動へ）、社会主義者の各種事件の弁護、労働・農民運動支援、被抑圧・異民族の各種支援、自由法曹団結成（中心人物の一人）、借家人同盟結成……などを通して、人権と民主主義のために闘う「人道の弁護士＝社会運動家」としてその名が全国に知られていく。

布施の諸活動は各種印刷物で散見され、本人も「法律新聞」・『第三帝国』・『日本及日本人』・『法治国』・『廓清』・『進め』などの新聞や雑誌で精力的に発信し、『君民同治の理想と普通選挙』、『司法機関改善論』などの著書を出版し、月刊個人誌『法廷より社会へ』を出版する。その名前は徳島県下の山間部にまで届いている。森長英三郎弁護士は、「法律で飯を食うなどとは、露ほども思っていなかった子供の頃の私でも、文化果てる僻遠の地の寒村にいて、大阪からくる新聞でみていたのであろうか、布施辰治の名前を知っていた。それほど布施辰治は有名な弁護士であった」と回想している。[5]

当該期の布施の社会運動で最も顕著なのは、一九一七（大正六）年から開始した普通選挙運動である。当然のように、布施にかんする「語り」も多い。それをみる前に、同運動についての布施の発言をみておきたい。布施は前掲『君民同治の理想と普通選挙』（布施法律事務所、一九一七年）に、「私は由来敬虔なる宗教家の態度を以て聊か人生に貢献したいと考へて居る犠牲的信念より外に私心野望を有するものではない。特に現代上下の通弊は、私心野望ある運動を以て一時を胡麻化し去る情偽の掛引に在りと信じて居る私としては、只夫れ当面の最善である政局の批判と、憲政思想の普及の為めに全力の可能を挙ぐるまでである」と吐露している。

注目したいのは、「私は由来敬虔なる宗教家の態度を以て……」である。ストイックに生きてきたという自負心のもと、崇拝する田中正造とトルストイに自らを準えていたのだろう。この二人は布施の〝導きの師〟であった。

一九一四年前後の光景だと思うが、布施の長男・布施柑治はこう回想している。[6]

F氏（布施のこと――引用者）はこのころ書斎の壁にかけたトルストイの小さな写真の前でよく両手の指を胸の高さに組んでうなだれていた。……その祈りの言葉の中に「弱くして正しき者のために余を強からしめよ」という文句があったのが推察できる。

元に戻って、議員への「私心野望」を否定している個所であるが、背景には法治倶楽部（一九一三〜一四年）の解散という苦い思い出があったのだろう。社会運動を意識していた同倶楽部はそれなりの活動を展開していたが、メンバー中の弁護士二人が地方議会選挙に立候補、布施が設立趣旨に悖ると異議申し立てしたのを機に解散に至っていた。

布施辰治は単独で社会運動を開始する。具体的には、（植民地を含む）男女平等の普通選挙を要求する運動であり、全国各地での演説会を中心に各種の宣伝活動を展開する。以下に紹介（一部要約）するのは、布施が運動を始めて二年四カ月後、東京法律事務所の機関誌『法治国』（一九一九年六月号）に掲載された「人物月旦 布施辰治君」である（三人の評者のペンネームは「三」、「平」、「A・A」）。

「布施君は理想家である。刑事弁護をしても、論文を書いても、一寸話をしても理想的な感じが吾人に迫る」。君は自他ともに認める刑事弁護の専門家で、「弁論は多くの場合に堂々数千言とも云ふ可きものである。其論ずるや理想を以て実に堂々と論ずる。理想家たる所以である」。また、君は「普通選挙の独運動で有名である。国技館で数万の聴衆を前に、数時間に渉る独演説をやつたあたりは、実に壮快と云はなければならぬ。又所謂『普通選挙の相合傘』を配つて降り込められ党をして盛んに差させたあたりは奇想天外と云ふに値する」（三）。

「君を評する者は、其の普通選挙運動を逸することは出来ぬ。君が普通選挙を社会事業の一として選んだことは、君が時代を見る眼の凡ならざる所で、彼の只時流を趁ふことをのみ能事とする人と同日に論すべきでない。即ち君の運動は、世間の未だ多く騒がぬ以前に於て、其旗揚げを見たのである。又国技館を始め、大舞台で、独り演説をやるなども中々面白い。そして其目的たるや、真に普通選挙を物にしたいといふ点にあつて、只奇を好み名を欲する為めではないことを私は裏書する。君の平生の真面目は之を証して居る。君の信仰は知らぬが、年始状など見るとクリスチャンらしい所がある。併しそれでない様な処もあつて、此点ばかりは君に似ず不徹底である」(平)。

「其声量の豊富なる、国技館に於いて数万の聴衆を前にして、約五時間の長きに渡つて、能く其論旨を徹底せしむるを得たる如き、之亦君に取つて有利なる武器といつてよい。其稍や東北訛のある如きも却つて一種の荘重味を加て一人君の演説の高潔をして大ならしめて居るものである。兎に角君は、演説、弁論、文書等、何れに向つても君独自の境地を開拓すべく、幾他の迫害を排して一意驀進を続けて居る。新しき時代は、やがて君の如き衷心熱誠を以て一貫する人士に依つて打開せられて行くであらう」(A・A)。

以上からみえてくる布施辰治像は、「弁護士中出色の理想家」、「自他ともに認める刑事専門弁護士」、「単独行動にこだわる普選運動家」、「信じるままに驀進する人士」などである。トルストイの実践的な弟子たらんとする姿が目に浮かんでくる。田坂貞雄が書いたと思われる「其目的たるや、真に普通選挙を物にしたいといふ点にあつて、只奇を好み名を欲する為めではないことを私は裏書する」とは、売名行為ではないという布施の主張を伝えようとしている。

「自他ともに認める刑事専門弁護士」――、この布施辰治像は弁護士開業初期から積み上げてきた実績にもとづいていたが、当該期、布施はある殺人事件の被告との関係で厳しい試練に立たされる。その事件は、一九一七年、普選運動開始の年に弁護を引き受けた島倉儀平事件である。島倉への公訴事実は、窃盗・放火・詐欺・強姦・殺人・死体遺棄などで、稀にみる「稀代の知能犯」と報じられた。逃走中、神楽坂署や刑事宅へ愚弄の手紙を何通も送付した島倉は、警察・検察、予審第一回まで維持していた自白を撤回した状態で予審終結に至っている。島倉は厖大な手記を綴り、神楽坂署長・正力松太郎らの取調べでの自白は拷問・詐術による嘘の自白だったなどを上願書（総数約二千枚）に書き、予審判事に次々と提出する。それでも一審は比較的順調に進行して一八年七月に死刑判決が下るが、控訴審に入って大荒れとなる。島倉は夥しい数の「呪いの手紙」を正力から捜査関係者に送付、それらは正力の姻戚関係者などにも及び、法廷では取調べでの拷問・詐術を訴え、裁判長忌避、証人への悪罵・怒号、関係書類の投げつけなど、ありとあらゆるゲリラ的抵抗を敢行した。結果、五年の間に裁判長が四人交替する異例の審理となったが、終盤に島倉が突如自死したことで終結する（一九二四年六月）。島倉から「解任」の言葉を浴びせられるなど、弁護人の布施は弁護のあり方や審理進行で苦悩したようである。

一九五三年夏、布施は臨終の床で、島倉との葛藤の中で思い定めた「原理」について証言している。(7)

……僕はあくまで人道主義の弁護士として第三者的に骨を拾うという弁護態度を持ち続けてきたわけです。しかしその後、ある強盗殺人事件※の弁護をする時、僕は非常に悩んだ結果「人道主義者としての同情はその人になるにあり」という原理を作った……

＊布施の記憶違いか、誤植か、「強盗殺人」ではなく「殺人」である。

（自分はこれまで人道主義の弁護士を意識しつつ）被告とは一定の距離をおいて弁護活動に努めてきた。しかし、島倉事件の弁護で深刻に悩み、被告人と一体化して弁護に当たるという行動原理を定めた、と語っているのである。決意の時期は一九一九（大正八）年ごろだろう。このようにして、「刑事専門弁護士」布施辰治は他の追随を許さない存在となった。注目すべきは、原理に至った決意であり、私はこう理解する。「人々への究極の寄り添い」、すなわち「人々への一体化志向」の決意だった、と。まもなく布施は、社会運動への本格的進出を宣言する「自己革命の告白」を発表し、「一体化志向」の原理を民衆（労働者・農民・被差別部落民・公娼など）、政治的少数者、被抑圧異民族（朝鮮人・台湾人）へと広げていく。それは、弁護士に加えて、社会運動家としてもその原理を貫いていくことを意味していた。

以上は、「布施人道主義」の大きな進化と深化だったが、当該期にそれを感知して布施を論じる人は現われず、第四期に入って布施の親族・松本広治が初めて論じる。なお、島倉事件をめぐっては、島倉儀平や正力松太郎の動向など、伝えたいことは多い。詳しくは、拙著『ある愚直な人道主義者の生涯―弁護士布施辰治の闘い』を参照していただきたい。

一九二〇（大正九）年五月、布施辰治は司法官試補辞職の弁「挂冠の辞」（一九〇三年）に続く、彼の精神史における二回目の宣言「自己革命の告白」を個人誌『法廷より社会へ』第一号に掲載する。その中で布施は東京での弁護活動を、官憲横暴の人権蹂躙に泣く冤罪者の事件、財閥横暴に泣く弱者の事件、真理の主張を圧迫する筆禍・舌禍の言論事件、無産階級の社会運動を迫害する事件など社会的意義を含むものに限る、とした（この部分は新聞の広告欄にも掲載）。布施にあっては、この弁護方針はすでに実践されていたが、（日本の過酷な植民地支配に泣く朝鮮人・台湾人を含む）民衆・無産階級の良き弁護士たらんとする社会的宣言だった。「告白」中の布施の弁護士観を紹介しよう。「富豪の番犬や貴族の支柱を以て甘んずる弁護士観は、甚だしき間違である。……正義の仁侠に勇み立ち、弱者の味方であらねばならぬ」。生活環境の欠陥が原因の被告人、「真理を主張して刑を擬せらるゝ」被告人らの弁護が基本任務である……。

布施の「自己革命の告白」と『法廷より社会へ』の発行に即座に反応したのは、前掲『法治国』での田坂貞雄弁護士らである。まずは、一九二〇年六月号に掲載された無署名の文章「法廷より社会へ」を紹介したい。「従来法廷の堅実な闘士であつた布施辰治弁護士は今方に社会運動の一戦員として雄々しく街上の第一戦線につく事となつた。……氏は従来の事務所を引払つて、東京毎日新聞社内に簡素な事務所を設けた。新居を郊外雑司ヶ谷に構へて、今や戦闘の準備を整えて居る」として、前述の四つの弁護内容と『法廷より社会へ』の発行を伝え、「氏の目標は官憲と財閥とであり、氏の事業は真理の実現、自由平等の具体化であり、氏の味方は真の民衆（第四階級）である」と要約して、次のように結んでいる。

わが法曹界にも、自由の使徒、正義の戦士には事欠かぬ。寧ろ其の余りに多きに過ぐるのを、絶えず嘆じて居る者さへある程である。有り体に言へば、其多くは中間的であり、妥協的であつた。其唱道する所は、抽象的自由平等であり、空想的正義博愛であつたからである。然も今ま真に庶民の為めに戦ふべく、わが法曹界より鉄騎を駆つて社会改造戦の征途に上つた布施辰治氏の在る事は、悦ぶ可し。

『法治国』は東京法律事務所以外の弁護士や法学者、さらには北原白秋や若山牧水ら文士も寄稿する総合雑誌的な性格を有しており、布施辰治の前代未聞の行動はいち早く各分野に知られることとなった。注目したいのは、翌七月号に掲載された田坂貞雄「布施君の首途に際して」である。「首途」とは布施の「自己革命の告白」による新出発のことを指している。

私は布施君の文章に最も多く接した。併し今回の自己革命の宣言程、達意な、そして肺腑から迸出した真味りとした文章を見たことはない。……此一篇の内には君の詐らざる告白が人を動かすべく満然に顕はれて居る。即ち布施其者を打込んだ真剣が、惻々と人を動かすからである。熱血の迸りは何者をも動かさねば止まぬ。……私は今悶えて居る。自分を如何に処すべきかに迷つて居る。……併し君の首途は太たく私を刺激したことを茲に告白する。

田坂は布施の「自己革命の告白」を、自らに突きつけられた宣言としてそれを真摯に受けとめようとしている。田坂ほどではなくとも、同じ東京法律事務所の吉田三市郎・阿保浅次郎らも「告白」を前向きに受けとめただろう。布施は一九二〇年代後半において、その真剣な生き方という点で、同職の弁護士たちに深い影響を与える存在になっていたのである。続いて、田坂は布施に友人として忠告を発している。それは東京法律事務所のスタッフ全体の意志でもあっただろう。

言ふまでもなく君の志は大きい。それ丈けに亦多くの難問が君を待設けて居る事を思はねばならぬ。それ故に私は君に二三の忠告を進せねばならぬ。……君は急きつゝあるのではないか。宣言にも其意味が見えぬでもない。君自身の告白によつても歳月が自分を待たぬといふ様なことがあつたと思ふ。……気長く悠然と一切を企画し、歩々其実果を収むべく進まねばならぬ。大人物の生き方を見ると多くは此道を歩んで居るらしく思ふ。社会運動は其れ自体多衆の運動である。……各人の自覚を喚起して其蒙を開く教育運動のみならば、単独運動は可なりの可能性を有して居る。併し自覚した人々を基礎とする運動に進む時は、多衆連合の活動に待たなければならぬ。従つて同志の糾合は将来の為めに必要である。……私は君を脅かす或者を想像し得ぬでもない。現に宮城県では謂れなき圧迫を以て、君に泝んだ或者があつたと聞いて居る。併し此種の事故は寧ろ歓迎すべきではあるまいか。彼を打破する理由と機会を吾等に与ふるものとして、そして面白き相手として。其内に時の進歩は総て彼等を葬るで有う。

田坂は、布施に社会運動の「大人物」像を期待して「同志の糾合」を勧めている。しかし、布施が最も力を入れていた普選運動でいえば、「敬虔なる宗教家の態度を以て」運動戦線に踏み出したこと、当時の運動家の「常識」を大きく超える（植民地を含む）男女平等の選挙権を主張していたこと、などから単独行動にこだわらざるをえなかっただろう。田坂は布施の出身県で脅迫事件があったことも指摘している。法律新聞によると、一九二〇年四月三日、仙台市で「民衆運動と総選挙」の演題で演説していた布施が暴漢に襲われて演壇から転落、場内騒然となったが暴漢は警官に取り押さえられ、布施はそのあとも「舌鋒いよく鋭く論陣を進めた」(一九二〇年四月一〇日付)という。なお、布施は暴漢を不問に付している。

田坂貞雄は布施より一歳年長だったが、弁護士開業は二年遅い。東京法律事務所の結成に加わり、弁護士らの普通選挙同盟会に参加、布施の「自己革命の告白」の翌年、布施や山崎今朝弥らとともに自由法曹団の結成に参加する。後年、布施懲戒裁判と日本労農弁護士団事件で積極的に布施の弁護に当たり、弁護士論でも健筆を揮った。敗戦の年の自由法曹団再建大会では世話人役に就いている。

三　疾風怒濤の「社会活動の発電所」(一九二三〜三二年)

「やあ暑いね」とF氏は、いつものやうに、活気横溢な顔を、こちらに向けて云ふ。彼の顔を見てゐると、どう云ふものか、私は発電所を連想する。私は彼のその顔から社会活動の発電所のやうな感じを受ける。——不思議な顔だ」(中西伊之助、一九二四年)。

関東大震災の年から布施懲戒裁判による弁護士資格剥奪の年までが当該期である。元号では、大正一二

〜昭和七年までである。弁護士＝社会運動家・布施辰治の名前は、植民地朝鮮・台湾にまで広がっていく。布施の献身的な活動が、そしてファシズム前夜の状況が、必然的にその名前を広げていった。冒頭に中西伊之助が捉えた当該期初頭の布施を紹介した。もう少し詳しくみておこう。(8) 中西は、布施の特徴を実に的確に言い当てている。


ある夏の、それは全く熱い晩だ。

私は、省線の目白駅を下りると、すぐそこのガードを渡つて、それからまたすぐその道を左に折れて行つた。そのへんは、もう一帯に樹木が繁つてゐて、夜気は冷やりするほど涼しい。

私は、そこの郊外らしい気持のする樹木の間に並んでゐる家の前を通りぬけて、F氏（布施辰治のこと——引用者）の宅を訪づれた。

「やあ暑いね」とF氏は、いつものやうに、活気横溢な顔を、こちらに向けて云ふ。彼の顔を見てゐると、どう云ふものか、私は発電所を連想する。私は彼のその顔から社会活動の発電所のやうな感じを受ける。——不思議な顔だ。


当時の布施の自宅は、東京府北豊島郡高田町雑司ヶ谷にあった（事務所は東京市四谷区荒木町）。中西伊之助が表現している布施の「活気横溢」と「社会活動の発電所」から伝わってくるのは、司法改善を含む社会改造への情熱であり、それは植民地の朝鮮と台湾における搾取・差別・抑圧問題にも向けられた。中西は新聞記者出身の作家・社会運動家であり、戦前は左翼運動で数々の弾圧を体験する。布施が弁護した島倉事件に触発された『死刑囚と其裁判長』、植民地を描いた『赫土に芽ぐむもの』、『満洲』などがある。

当該期、布施辰治は大正デモクラシー運動を弱体化しようとする政治反動に抗い、一九二〇年代前半から力をつけてきた社会主義運動を支援していく。治安警察法や治安維持法との飽くなき闘い、国内（北海道から沖縄まで）と植民地（朝鮮と台湾）における弁護、各種人権問題の調査・告発・講演などの活動、自らに襲いかかる弾圧との闘いなど、生涯で最も波瀾に富み、かつシヴィアーな日々を送り、自由法曹団が核となった解放運動犠牲者救援弁護士団の先頭を疾駆することで、〝戦闘的弁護士像〟の典型を示した。

多岐に及ぶ布施の活動をごく簡単に示しておく（単独、及び自由法曹団員としての活動）。

弁護活動では、小作争議事件（香川伏石・新潟木崎・長野西塩田・埼玉西吉見村・宮城前谷地事件など）、日本楽器争議事件、ギロチン社事件、共産党事件（第一次、三・一五、中間、四・一六事件など）、小繋等東北各地入会事件、被差別部落民事件（群馬世良田村襲撃・徳川公暗殺予備・福岡連隊差別事件など）、弘前電燈争議事件、朝鮮人事件（朴烈＝金子文子大逆・三重木本町朝鮮人虐殺・高麗共産党・金祉燮二重橋爆弾・朝鮮人兄弟特高殺人事件など）、及び朝鮮半島での義烈団・朝鮮共産党事件、台湾での二林蔗糖農民組合騒擾事件など。

社会運動では、関東大震災関係での各種救援・調査・告発・糾弾活動、娼妓自由廃業・純潔運動推進、日本労働組合総連合会長就任、政治研究会結成、労働農民党顧問就任、全農埼連田畑小作料五割引要求・陸軍省火工廠建設反対運動、三信鉄道争議事件支援、解放運動犠牲者救援会・救援弁護士団等での活動、在日朝鮮人労働産業犠牲者救援会結成（崔承晩と共同代表）、小樽高商軍事教練糾弾運動、植民地での諸活動

（調査・糾弾、巡回講演）など。自らへの懲戒裁判と新聞紙法・郵便法違反被告として社会的に敢行した無罪闘争も社会運動と位置づけられてよい。さらに、前第二期からの借家人同盟機関誌『生活運動』、同誌を改題した個人誌『法律戦線』の発行も同様である。『法律戦線』は治安維持法批判の舞台でもあり、しばしば発売禁止処分を受けている。

また、著作活動もきわめて旺盛で、『審く者 審かれる者』・『共産党事件に対する批判と抗議』・『無産者モラトリアム論』・『小作争議法廷戦術教科書』など二四冊（編著・共著各一冊を含む）を数える。

当該期の布施評で、生涯の友人・山崎今朝弥による秀逸な文章がある（ペンネーム・岡陽之助）。当該期の布施を自らと比較しつつ、簡潔に紹介している。二人は活動スタイルも文章スタイルも両極にあったが、反骨と在野精神では見事に共通していた。(9)

> 布施は山崎今朝弥と共に早くから社会主義弁護士の双璧と称せられ、山崎が雑誌に籠つて皮肉をやるを快とするに反し、彼は常に馬を陣頭に立てて奮戦することを好み、「借家人同盟」を主宰して悪家主征伐をやつたり、各地方の演説会に引つぱられたりする、寧日無き活動に身を托してゐる。普選実施の第一回選挙には、布施は労農党候補として最も当選可能性ある者と言はれてゐる。

コメントが必要である。山崎は自分と布施は「社会主義弁護士の双璧と称せられ」と書いているが、たしかに世間はそう見做していただろう。本人たちはどうだったのか？ 山崎は社会主義者を自認していたが、(前章でみたが)布施自身は日本社会主義同盟に参加しなかったように、社会主義者を自認することはなく、それは生涯変わらなかった。あと一つ、布施が「労農党候補」と見做されていたのは事実であり、民衆の熱い要望を断わりきれず、第一回普通選挙(一九二八年)に出馬している。

一九二三(大正一二)年九月一日、関東大震災が発生する。それは不可避の自然大災害だったが、震災の混乱に乗じた朝鮮人への大虐殺行為は、民衆を巻き込んだ国家権力による加害行為=人災だった。虐殺は早くも翌日から始まり、通説では約六千人が殺されたとされる。布施辰治の怒りと悲しみは極点に達しただろう。

朝鮮人留学生主催の遭難同胞追悼会(一九二三年一二月)で、布施は声を振り絞っている。[10]

思へば思ふほど、あまりに恐ろしい人生の悲劇です。……殊に此の中で朝鮮から来て居られた同胞の最后を思ふとき、私には之れを吊ふべき言葉がありません。又、恐らくは朝鮮同胞△△の精霊は、言葉を以ての追悼には満足しないでせう。……諸君、私等の同志友人は、×されました。朝鮮同胞△△人は××されました。……けれども、×された我々の同志は、断じて死に切つては居りません。殊に××された朝鮮同胞△△の遺霊は、死んでも死に切れない無念の歯を食ひしばつているだらうと思ひます。此処に私は、人間の死は弔ふべきものであるけれども、×されたものゝ霊は之れを弔ふべきものに非ずして×されたものゝ霊を弔ふの前に先づ×したものを憎まねばならぬ、呪はねばならぬ、そして其の責任を問ふべきものであると言ふことを痛感します。

布施はすぐさま調査・告発に動き、かつ朝鮮の東亜日報と朝鮮日報に謝罪文を掲載する。布施は日本の民衆が加害の一端を担ったことを自らの原罪と受け止め、朝鮮人との友情・連帯の絆をいっそう強めていった。

日本人社会主義者（アナキストを含む）も虐殺された。亀戸事件では平沢計七、川合義虎ら九人が殺され、布施は激しく抗議する。当該期に発信された証言ではないが、布施事務所に所属していた中村高一弁護士の戦後の回想を上田誠吉が伝えている。「闘志の塊りのような顔をして、白い帽子をかぶりサイドカーでのりつけて、憲兵や警官の並ぶなかをかきわけてはいっていって、死体を見せろと要求した。その勇気と威厳とはそばにいても何かビリビリ伝わってくるような感じであった(11)」。

虐殺は続く。九月一六日、アナキズム運動の著名な活動家＝理論家・大杉栄が（妻・伊藤野枝、甥・橘宗一とともに）殺される。下手人は憲兵大尉の甘粕正彦だった。この事件でも布施は、行方不明情報が入った段階から精力的に動いている。

布施がかかわった当該期の著名事件中、朴烈・金子文子大逆事件とギロチン社事件の背景には以上のおぞましい虐殺事件があった。秋山清は「関東大震災における朝鮮人の虐殺、亀戸事件にたいする憤りとおどろきにつづいて大杉栄夫妻の暗殺が、ギロチン社の同志たちに与えた影響はきわめて戦慄的であった。やらねばやられる。思いしらせてやろう」という心理が事件を誘引した、と簡潔に指摘している(12)。

ギロチン社は、震災前後に関西地方と東京で大小さまざまな事件を起こしている。活動資金の調達や大杉栄殺害への報復などが目的で、主な罪状は主犯格の古田大次郎への起訴状（殺人未遂・強盗殺人・爆発物取締罰則……など）に示されている。主たる事件は、甘粕正彦の弟狙撃（未遂）、銀行員や紡績会社役員への恐喝や襲撃・殺人、本郷本富士警察署への私製爆弾投擲、福田雅太郎陸軍大将（関東戒厳司令官）狙撃、同大将宅への私製爆弾送付などである。同事件の裁判や布施の古田評など、詳細は拙著『評伝 布施辰治』を参照していただきたい。

ここでは中心人物の古田大次郎と和田久太郎の布施評を紹介するが、その前に布施の古田評をみておきたい。多くの人たちが古田の人間性に惹かれていた。布施もその一人で、以下は、古田の遺稿集『死の懺悔』（春秋社、一九二六年。復刻版は黒色青年社、八三年）に寄せた序文の一節である。

古田君と私の接触は、以前からの知合ではあつたが、夫れでも最初は獄中手記の布施弁護士が聴て布施君となり、更に布施さんと為つて行つた事でも判かる様に、私は、古田君が何事かを決行してから後に知られ、獄に投ぜられてから後に認められた為人《ひととなり》を、比較的深く知り得た一人であると思ふ。……斯くして古田君の為人を知り得た私は、どれ丈け、古田君の真剣さに感激させられた事があるか知れない。……私は私の性分として最も深く人の真剣さを愛する。生命を懸けた真剣さからの闘争であつたら、殺されても遺憾が無い、と同時に殺しても良心に恥ぢる処はない、と考へ思はせらるゝ事がある。

布施はそうとうきわどい心情を吐露している。私はそこに布施の「愚直」と「純情」をみる。布施は弁論においても同様の心情を語った。それは意図したパフォーマンスではなく、正直な本心だった。古田は当惑した複雑微妙な気分を獄中記に遺している（前掲の遺稿集に収録）。

痛かった言葉三つ――何だと言うと、最初は布施弁護士の、僕を人格者と言った言葉だ。全体、裁判の弁論で、被告を前に置いて弁護するのは、少々罪な業ではないかと思う。当人を恥ずかしがらせるだけ罪だと僕自身は信じている。けなされるより、賞められるのはもちろん嬉しい。嬉しいが、実際以上に持ち上げられて賞められるのは、嬉しいを通り越して、（だかどうかわからないが）苦しくなる。面を上げていられない。恥ずかしくなって他人に顔を見られるに堪えないのだ。今日はまったく、あの言葉は痛かった。嬉しくないことはないけれど痛かった。

和田久太郎は、布施と山崎の違いを見事に描写している。[13] 古田を恐縮させた布施の弁論があった法廷についての観察である。軽妙な中にも鋭い洞察力である。

布施（辰治）さんは大雄弁を振ったな。まったく大雄弁だ。熱情もある。彼自ら熱情に酔い、雄弁に酔っていた。そこに多少の臭みがないでもなかったが、とにかく、弁護士の弁論なるものは、あれがいいのだと思う。……しかし、僕は伯爵（山崎今朝弥）の弁論が大いに気に入った。一寸聞くと、水の中で屁を垂れるようなことをいっているようだが、実に味がある。一寸した、くだらない文句の中に、無類の味がある。……布施さんのは、左団次の丸橋忠弥だ。派手に、大向をウナラせるに足る。山崎さんの持ち味は、松助の家主長兵衛（髪結新三）である。「松魚ァ半分」のうま味だ。

ギロチン社事件を念頭においた布施評ではないが、「弁護士評判記 布施辰治君」（一九二六年）は、中西伊之助いうところの「社会活動の発電所」たる布施の特徴をかなり的確に捉えている。(14)

要之、布施君は徹頭徹尾、精力主義の人であり、奮闘家である。我が多数東京弁護士中に於ても君程の奮闘家は殆ど他に無いと云つて宜い。而かも現代の如き社会の過渡時代に於ては弁護士中には君の如き弱者の味方たり、無産階級者の為めに力となつて働いてやる弁護士は是非無くてはならぬ一人であることは云ふまでもない。吾人は何処までも君の奮闘を祈つて止まぬ（無署名）。

布施辰治は小説の中でも語られている。讀売新聞に連載された人気推理作家・甲賀三郎の「支倉事件」（一九二七年）である。第二期でとりあげた島倉儀平事件の新聞小説版であり、布施は「能勢弁護士」になっている。(15)

能勢弁護士と云うのは人も知る官憲の横暴と云う事に強い反感を持った人で、卑しくも官憲が圧迫を加えたと云うような事実に対しては彼一流の粘り強さで徹底的に糾弾する。若い裁判官は彼の皮肉な弁護振りに思わず苦い顔をする位で、戦闘意識の強い被虐階級には、有力な味方なのだ。その代りに時に反対せんが為に反対し、一部からは売名の徒と悪く云われる。事実弱者の味方をして有名になったのだから、売名と云われても仕方がないが、今の世の中に名を売る手段として弱者の味方をすると云う事は悪の極だ。むしろブルジョア階級の御出入を勤めて、名利合せて得る方が利口だ。そう云う利口な事の出来ないのは矢張り気質から来るので、能勢弁護士もどこか変った所がある拗者ではないかと思われる。

注意すべきは、讀賣新聞の社長は、島倉儀平を取り調べた神楽坂署長・正力松太郎だったことである。正力は警視庁第一方面監察官、刑事課長、官房主事兼高等課長などを歴任、その間に米騒動・東京市電スト事件・第一次共産党事件・朝鮮人大虐殺事件で重要な役割を果たし、難波大助＝虎ノ門事件で引責辞職、新聞社社長に転身していたのである。正力にとって厄介だったのは、(島倉事件を含めて)自分が手掛けた諸事件に弁護士・布施辰治が登場することだっただろう。正力はずっと布施を嫌悪していただろう。

このような正力の布施評を甲賀が踏襲したと考えれば納得できないわけではないが、(官憲の横暴と闘う弁護士という理解は正確であるが)「時に反対せんが為に反対し」、「売名と云われても仕方がない」、「名を売る手段として弱者の味方をする」、「拗者」などは、まことに皮相・浅薄な捉え方であり、悪意が表出している。また、布施の弁護について、「皮肉な弁護振り」と表現しているが、裁判官や検事が「皮肉」を感じたとしても、布施はいつでも愚直に真っ向からの弁護を心がけていたのである。

当該期前半の布施辰治の日常を語る短評を紹介したい。[16] 借家人同盟関係者＝ペンネーム「Y・S小僧」

が書いている。

……弁護士となり爾来十有余年正義の為めに大に法廷で戦ひ、今じや斯界の権威者として堂々と論陣を張り、大事件には必ず其名が現はれる。何かの雑誌にソーシヤリズムの好物と題して、次の如うな事が書いてあつた。

普通選挙、借家人同盟、オートバイ演説と、全くその通り、借家人同盟は小僧が言はずもかな、普選に至つては、全国を股に単独自費で遊説した、何しろ一寸やつても二、三時間、演らないと気持が悪い。気儘に舌べらせると五、六時間はおろか半日位水一杯飲まずにやる。まだある、一口に言へば演説引受業とでも言はうか、一晩に三ケ所位は平気でやつつける。こんな風だから、お供のオートバイがこわれ、運転手クンが目をまわすのも無理もない。雨降り雪降り何んのその槍が降つても、猫が落ちてもブーブーと会場に乗りつける。「よう！大統領！」大向ふの聴衆から先づ拍手に交るお呼びごゑが出る。大した人気である。

もちろん、物好きで飛び回っていたわけではない。時代状況が布施を超多忙にさせていたのである。昭和期の初め、新たな侵略とファシズム政治はもう間近に迫っていた。布施辰治は労働農民党結成への参加、同党からの第一回普通選挙立候補、解放運動犠牲者救援会結成への参加（法律部長就任）、日本共産党大弾圧事件の中央公判闘争弁護（実質上の団長）、同事件の各地公判弁護……と、合法最左派陣営での諸活動に力を注ぎ、台湾の農民組合騒擾事件と朝鮮共産党事件では、現地へ渡って弁護にあたっている。当然、国内と植民地での知名度と評価はよりいっそう高まるが、そこには複雑な党派的要素が入り混じるようになり、左翼陣営から布施批判の評が飛び出てきたりする。また、国家権力の側は布施の精力的な活動を激しく嫌悪し、その弁護士資格を奪おうと腐心する。

注目したいのは、梅田兒次郎（社会運動家？）の布施辰治批判である。[17]いわゆる中間派無産政党の大幹部・麻生久の言動を批判した布施辰治「言論暴圧の有効対策」（『解放』六巻二号、一九二八年）にたいして、布施こそブルジョア的だと批判している。合法無産政党の分立→離合集散、の過程で現われた辛口の評である。布施にオーバーラン発言があったのは確かだが、梅田の布施批判に説得力があるわけでもない。しかし、当時の左翼陣営内の精神状況、及び布施が何かと目立っていたことなどを考慮すると、出るべくして出た批判だったのかもしれない。

梅田の布施評の核心部分を紹介すると、梅田は、布施が警官にたいする麻生の緊張感に欠けた意識を批判し、「（麻生は――引用者）実に『いゝ気分』なもので、そんな気分をもつてゐては、非妥協的な階級闘争を最後まで徹底的に戦ひぬくことが出来ないと極言し、そして、それは麻生氏等の実際行動と同じき錯覚であり、笑止なるドン・キホーテたるのみならず、実に階級的裏切者であるから私は（布施氏は）麻生氏等を断じて許すことが出来ぬと断言し、同時に、布施氏自身は階級意識を生活化し生活運動の日常闘争を不断に戦ひ続けてゐる。それはそれは立派な申分なき戦士でゞもあるかのやうにほのめかしてゐるのである」と非難、「布施氏よ、なる程、麻生氏にはこの問題とは別に『いゝ気分』なるものが多分にあることは、私もまた否定しやしない。だが、このことがどうして階級的裏切者であるといふ理由になるのだ。……断じて許すことが出来ないと大ミエを切る、布施氏自身はいつたい何者なのだ」と問う。そして、貧農階級を食ひ物にした親父の弁護をしているではないか、騒擾罪でやられた労働者の仲間が弁護を頼みに行ったとき、「君はその労働者達の血の滲むやうな生活を知りつつ『×××××××』（××は原文のママ――引用者）とは云はなかつたか！　布施氏よ！　其時、君の胸には時計の金鎖が見るからに美しい光を放つていたのだ」などなど、次第にボルテージを上げていき、最後にこう締めくくっている。「更らに、法廷で真面目臭つて裁判長に話しかける布施氏自身の態度を見よ。法律は有産支配階級のものであり、法廷はその法律の名に於いて人間を罰する所であることを知りながらも！　そして、それ等もやつぱり『いゝ気分』なのでないのか！　布施氏よ！　お身のためだ、あまり豪さうなことは云はぬがよい」。

布施は、有産階級の番犬たる個々の警察官や検閲官の個人責任も糾弾する必要を説き、その点で緊張感がないと麻生久と安部磯雄を批判したわけであるが、「階級的裏切り」と断罪したのは間違いだったといわざるをえない。しかし、左翼陣営内の対立は深刻な状況にあった。ただし、この種の批判・非難の応酬には生産性・発展性というものがない。率直にいって、梅田も布施も左翼小児病に罹っていたように思う。

ところで、国家権力による布施弾圧であるが、一九二九（昭和四）年、前年の大阪地裁共産党裁判での言動を問うて布施を東京控訴院の懲戒裁判所に起訴する。それは言いがかりのような起訴であったが、一連の布施弾圧の始まりを意味しており、弾圧は実質的には四五年の敗戦まで続いたのである。懲戒裁判については、布施柑治が『ある弁護士の生涯』の半分を割いて的確に紹介している。

本多久泰『全民衆の味方 吾等の辯護士 布施辰治（明治篇）』（火花社、1930年）

一九三〇年に登場したのが、本多久泰『全民衆の味方 吾等の辯護士 布施辰治（明治篇）』（火花社）である。布施が満五〇歳になる年のことであり、最初でかつ戦前唯一の布施評伝である。そのころの本多の肩書きは、火花社社長、布施の個人雑誌『法律戦線』記者となっている。「明治篇」とあるように、布施が生まれた一八八〇年から一九一〇年代前半まで、すなわち全国的には未だ著名になっていない、第一次資料の甚だ乏しい時期の布施について語っている。それまでのさまざまな「語り」の中で言及されていなかった部分にふれていること、布施本人からの聞きとりにもとづいているだろうこと、などをふまえると、同書は布施辰治関係資料の中で重要な位置を占めているといえる。

同書の出版は一九三〇年二月なので、布施からの聞きとりはその前年と考えられる。そのころの布施はどのような社会的存在だったのか。人権擁護・反体制側の弁護士群像中のリーダーとして最も著名であり、二八年と二九年の三・一五、四・一六事件に象徴される治安維持法による共産党大弾圧事件の裁判で東奔西走中であり、同時に、同裁判での言動を問われて弁護士やめさせ裁判に付されていた。そして、布施懲戒にたいしてかなり広範な反対運動が展開されつつあり、本多はその運動に呼応して評伝をまとめようとしたのではないか、と推察する。その意味で同書は〝時代の産物〟だった、ともいえるだろう。もっとも、同書が運動に具体的にどれほど寄与したかは定かでない。

巻頭の布施の写真に次いで掲載されている布施のモットー「正しくして弱きものの為めに予を強からしめよ」（墨書）、「はしがき」、及び思想の形成や人権擁護の弁護士活動を記した本文から感じとれるのだが、布施は無産階級・全民衆の側に立つ人道主義弁護士であって、共産主義者などではなくて社会主義思想の穏健な支持者である……などと説くことで、懲戒裁判反対運動を広げようと考えたのかもしれない。しかし、表紙に赤単色で描かれた版画（労働者、鎌・ハンマー・星をあしらったソ連邦の旗、ビラ、引きちぎられた鉄鎖）は、まさに一九三〇年当時の社会主義ソヴィエトを連想させる。なにはともあれ、思想形成と弁護士活動の双方で発展途上の緒にあった明治期、つまり三〇歳過ぎまでの布施伝で筆を収めているのは、いかにも中途半端であった。

そして、一九三〇年以降の布施辰治をめぐる状況はひたすら悪化の一途をたどる。そのような中、同書の続編を準備するのは事実上無理だっただろう。日本帝国主義がアジア太平洋戦争＝十五年戦争への暴走を開始する中、懲戒裁判に続く新聞紙法・郵便法、及び治安維持法による布施本人への国家権力側の連続的弾圧、それにたいする布施の長期にわたる激しい抵抗など、人生最大の試練が待っていたのである。もちろん、言論弾圧はあらゆる領域でいっそう強化されつつあり、たとえ続編が出版されたとしても、すぐさま官憲の検閲の餌食となっただろう。実際、時代はそこまで険悪になっていた。また、続編出版を仮定したとしても容易に予想されたのは、厳しい検閲統制だけではなく、大正期はともかくも、昭和期に入ってからの布施を人道主義者一色で語り切るのは至難の業だっただろう、ということである。布施は、合法最左派陣営の最前線でまさに獅子吼していたからである。

さて、同書の内容であるが、「この小著を私の畏敬する布施辰治先生に捧ぐ」との献辞が示唆しているように、基調は講談調の偉人・英雄顕彰伝である。布施本人はそれを望んでいたとは思えないが、執筆は本多のペースで進められ、布施がついついそれに「乗せられた」、そんな感じがするのである。その結果なのか、「脚色」や「創作」の臭いがする部分も散見されるし、オムニバス風の全二五話も体系性に欠ける、などの問題点がある。しかし、全体としては布施の証言に依拠しただろうこと、布施が世にいう大言壮語・虚言・放言癖タイプではなかったこと、などからして、冷静に読み込む作業に専念するならば十分使える資料である。とりわけ、幼少年期については一次資料がほとんどないだけに貴重である。

同書の締めくくり部分を紹介しておこう。一九三〇年時点での布施を、本多がどう捉えていたかを教えてくれるからである。

弁護士としての布施氏に就ては、現に諸君の見るが如く、只、凡庸な法理的智識と練達の弁論家としてゞなく、貧しき者、弱き者の為に其の枉屈を伸べ、蔑視を遮り、等しく皆之れ人間としての欲求、理想ある事を日本の法廷に力強く主張し、是認せしめ、否、現に益々其の使命に渾身の精力を注ぎ、特異の弁護士として、又他に其の比を見ざる『民衆の味方』たる刻印を打たれる法曹界の大家たる事は、何人も之れを否定しないであらう。それと同時に、今や法曹界にも、『無産者の味方』として、鋭意冤枉に泣き、圧迫に悩み、凌虐に苦しむ者の為に、弁護の任に当る人々が現はれてゐるが、之れ畢竟氏の如き勇敢なる先駆者が其の荊棘を刈り、嶮難を去つて、進む可き方向を啓いたが為であると云つて差支へあるまい。実に布施氏は新思想発酵と共に、我邦に『法廷闘争』の新レコードを画した、最も顕著なる偉勲者である。……斯くして『吾等の辯護士布施辰治』は渾然大成した。而して今や動かざる陸離たる特異の地歩と、民衆の愛敬と、傾倒とを博して、思想戦線に最も鮮かなる足跡を印し、一面弁護士としての職業的立脚地より、ヨリ実際的に、ヨリ力強く、其の所信の為に益々洗練円熟したる思想と、法理的智識とを傾盡しつゝ努力を怠らない。

布施辰治にかんする「語り継ぎ」という視点でいえば、本多による評伝とそれ以前の「語り」が期せずして繋がったことで、四〇代後半の布施の全体像が大まかながら明らかになったといえるだろう。同書の意義はこの点でも認められる。

なお、同書は小生夢坊との共著『涙を憤りと共に―布施辰治の生涯―』（一九五四年）に文章を修正して収録される。序文で、小生は本多についてこう紹介している。「片棒を担いでくれた本多定喜（＝久泰――引用者）氏は、布施家とは乳兄弟的な親類であり、結婚の仲人も布施夫妻であるし、強く布施魂を把握して燃えさかる求道精神の才幹である」。ただし、この小生の評は「贔屓の引き倒し」を感じさせるし、布施の親族の中には「布施魂の把握」や「求道精神の才幹」という評価をはっきり否定する意見もある、ということを付記しておかねばならない。

本多久泰による布施評伝以後はどうであっただろうか。一九三一年から三三年にかけて、野口義明（ジャーナリスト）と神宮凡夫（ジャーナリスト？）の布施評がある。[18] 特に野口は、弁護活動と社会運動を精力的に展開してきた布施を粗っぽいながらも生き生きと語っており、臨場感のある描写をしている。さわりの部分を紹介しておきたい。

……日本に於ける近代社会運動が起つて以来、これに伴ふ争議関係事件、騒擾事件、秘密結社事件等の運動関係の法廷戦線に奮闘し、この種の一切の大事件にして、彼の関与しなかつたものは殆どない。又内地の外朝鮮、台湾の解放運動にまで法廷の内外に戦野を拡大してゐるが、あの有名なるズウズウ弁で五時間にも亙る長弁論をやつては判検事を煙に捲く。大正一〇年の釜石の騒擾事件では一人で正味二四時間弁護したといふが、全く休まぬで喋り続けること四時間、証拠申請して執拗に闘つたといふ。大正六年自己革命を断行し、夫人と別居して専ら社会運動に携はる事を決意した。著書「自己革命の告白」雑誌「法廷より社会へ」を出版したのもこの頃の事。それより普選運動に手を着け、私財を投げ出して一人演説をして全国を行脚したりした。九年の自由法曹団の創立に参与し、一一年始めて借家人運動を提唱したのも彼だ。政治研究会の委員ともなつた。

彼は一頃アナ、ボル、左、右の各派から一様に担がれ、一様に熱心に弁護と応援を引受け、主義上の正体極めて漠然としてゐた。曽て機械連合及びそれの拡大した総連合の会長に推されてゐる頃、総連合は労働農民党を脱退して日労党を創立したが、会長の布施辰治は其後労働農民党顧問となつて平然としてゐたのである。それが共産党事件の勃発、労働農民党の解散後、新労農党の旗挙げに反対して極左の陣営を守つた。大阪の共産党事件公判廷に於て、弁護に立つた彼は分離審理絶対反対、公開禁止絶対反対を叫んでがなり立て、「神聖なる裁判所の秩序を紊乱し、裁判官を侮辱した」といふので懲戒裁判に付せられた。

昭和三年の総選挙に労農党から推されて新潟二区から立候補。

「自己革命の告白」は著書ではないこと、公表の年が間違っていること、自由法曹団の創立年も間違っていること、及び「夫人と別居して……」など怪しい個所があるが、貴重な布施辰治論ではある。同時に、引用部分以外で布施のことを無造作に「赤弁護士」としており、殺伐とした時代の雰囲気が伝わってくる。

そのころの布施を、弁護士界はどうみていたのだろうか。『現代弁護士大観』(一九三二年)において布施は次のように語られている。「君は弁護士中に於ける最も真摯なる無産者の味方で、……従来君が無産階級者の法廷戦士として無産階級の権利利益擁護の為め、直往邁進、如何なる圧迫、如何なる威力にも屈せず其の所信を力説高説し来られた力戦奮闘の『法廷歴史』は実に我が国司法史上の一異彩であると云はねばならぬ」(無署名)。これはおそらく弁護士が書いた文章だろう。そのころの布施は、懲戒裁判と新聞紙法・郵便法違反裁判で国家権力にたいして徹底抗戦中であり、執筆者は明らかにそのことを意識している。この文章から読みとれるのは、布施が社会的経済的弱者の人権擁護のために闘い続ける在野法曹の象徴的存在であったということである。

四　「暗い谷間の時代」を生きる（一九三一〜四五年）

「……若シソレ、犯罪ニシテ思想犯ニ係リ、法廷闘争ヲ其ノ宣伝戦術トナスガ如キ場合ニ於テハ、弁護人タルモノ其ノ本来ノ使命ヲ厳守スルコトニ於テ層一層困難ナルモノアリ、其ノ専門的法律技術ト弁護人タル特別有利ナル地位トハ、拠テ以テ有力ナル支持トナルベキヲ以テ、苟クモ理論的潔癖ヲ貫カントセバ、或ハ弁護人タルコトヲ辞スルノ已ムヲ得ザル場合アルコトモアルベシト雖モ多年人道的戦士トシテ弱者ノ為ニ奮闘シタル貴キ情熱ヲ有スルノ士ハ、時ニソノ危険ヲ冒シ、或ハ之ヲ顧慮セズシテ不知不識ノ間ニ、其ノ渦中ニ投ズルノ例、必ズシモ絶無ナリトイフベキニ非ズ……」（大審院、一九三九年）。

一九三三（昭和八）年九月と一一月、日本弁護士史における最大最悪の事件＝日本労農弁護士団一斉検挙事件が起きる。冒頭に掲げたのは、布施辰治にたいする大審院判決（一九三九年五月二五日）の一部である。同事件では治安維持法違反が問われた。検挙された二十数人の弁護士中、布施は独り無実・無罪を主張して大審院まで争うが、懲役三年（未決算入二百日）の有罪判決が下る。しかし、判決は布施を「人道的戦士トシテ弱者ノ為ニ奮闘シタル貴キ情熱ヲ有スルノ士」と評した。布施はこの部分に裁判官の良心を見出し、「この上もない心の慰めです」と受けとめて千葉刑務所に入獄する。

出獄後、布施は官憲の監視下におかれる。当然ながら、当該期の布施にかんする「語り」は極端に少ない。皮肉なことに、冒頭の判決文は布施にかんする貴重な「語り」といえる。なぜそういえるのか？布施が核心部分を印刷して関係周辺に送付したことで、若干は世に知られただろうからである。

ところで、当該第四期は、布施が懲戒裁判で弁護士除名判決を受けた一九三二年一一月一一日から四五年八月一五日（敗戦の日）までである。元号でいえば、昭和七〜二〇年である。すでに日本は三一年から中国侵略を開始しており、三二年はファシズム前夜というべき年であった。

弁護士資格を剥奪された布施は、「弁護士活動三〇年の慰労と激励に感謝する」を発表し、弁護士活動は閉ざされたが社会運動の一兵卒として闘い続ける、と宣言する。興味深いのは、人道主義者としての「思想成長の跡」を綴ることで、自らの本質にかかわる時々刻々の相貌を明らかにしている点である。一九三二年時点の布施の「自画像」として、ここで抜粋して紹介したい[19]。

……明治三五年から四五年に到る一〇年間は極めて純真な感情に燃ゆる人道主義者として、弱きもの正しきもの虐げられるものゝ為にそれこそ扶弱挫強の弁護士使命を任じて戦ひ、……その後の一〇年間即ち大正二年より同一一年に到る私の弁護士活動は、欧州の大戦に激発せられたる社会運動の波に乗つた普選運動の単独提唱や、労働運動や農民運動特に水平社創立の前後に関係した水平運動等を中心に、強大なる権力に反抗することが私の激情であり又弁護士使命の強調なりと考へて、……そして大正一二年の第一次共産党事件の検挙に次ぐ階級的諸事件の弁護は、共産党事件と名を打たれて居なくとも益々鮮明になつて行く階級的色彩と、階級的尖鋭さは、遂に三・一五、四・一六に続く全国各地の共産党事件に私の弁護士活動が漸次多忙を極め……

懲戒裁判の大審院判決（一九三二年）で注目したいのは、東京弁護士会が判決に反対決議をしたこと、民衆も反対の署名運動などを行なったことである。新潟県の水平社関係者は血書で「我等の慈父布施をまもれ」と訴え、布施を感動させた。

しかし、布施辰治にたいする弾圧はいっそう強まり、人々との繋がりは断ち切られる。「暗い谷間の時代」といわれる当該期、布施は社会的な行動や発言を止めてしまったのか？　そうではなかった。一九二〇年ごろから手掛けていた東北地方の入会問題に取り組み、農山村民の生きる権利にかかわる論文や報告を書き、さらには東京の演劇集団・前進座の近代化などに尽力する一方で、新聞・雑誌などへの寄稿を続け、大日本国民中学会の公民教育会発行『公民教育』の編集と執筆を担当することで、戦争協力という負の側面も示した。そのような中、四四年二月、治安維持法違反に問われた三男・布施杜生が京都刑務所未決監で死亡する（官憲による事実上の虐殺）。以上については、拙著『評伝 布施辰治』を参照していただきたい。

当該期、布施辰治を語る資料で貴重なのが中西伊之助の雑誌寄稿文である[20]。新聞紙法違反事件で入獄した布施に思いを馳せた中西は、遠く朝鮮半島の平壌から布施評を発信している。中西は布施の健康状態を気遣いつつ、入獄に至るまでを語っている。「（布施は）いま刑務所で赭い着物を着て囚人生活をしてゐるので、法律の範囲内でしか書けない」と断わりながらも、布施の真摯で戦闘的な生き方を中西らしい筆致で伝えている。

その頃、布施辰治は同町（四谷荒木町――引用者）に堂々たる法律事務所を設けて、弁護士界では有数の人物だった。

……事務所の前に赤インキ入りのポスターが貼りつけてあるのが眼についた。それは普通選挙演説会の宣伝で、弁士は布施辰治の名一人しかない。それがまたどうだ、代議士候補者の政見発表演説会のやうに、東京全市の寄席や公会堂が会場で日割がずらりと並んでゐる。

僕はそのポスターを眺めて不思議な気分がした。……ブルジョア弁護士が東京全市に普通選挙要求の独演会をやつて廻るといふのだ。今日でこそ普通選挙なんか何んの変哲もないが、その当時、大正四、五年頃は、普通選挙の要求運動なんか社会主義者しかやらなかつた。

……その演説をききに行つたもんだ。もつともその頃の僕は、普選なんか軽蔑してゐた元気のいい直接行動論者だつたが、とにかくその時は自由主義者らしかつた布施辰治の演説には好感が抱かれた。さうしたブルインテリから、真先きに、果敢に普選要求の叫びをきくことは愉快だつた。この点から見ると、布施辰治はわが国普選の要求を街頭に立つて叫んだ先駆者といひ得る。……

東京で弁護士を開業したが、あの熱と雄弁だ。被告は彼れを信頼すること神に似ている。彼れはどんな罪人でも仏のやうな慈悲心で超物質的に救ひの手をさし延べてゐる。……

大正八、九年頃自己革命を宣言してぐんぐんと左翼へ、左翼へと成長して行つた。そして彼れほど広汎な戦野の法廷戦を展開した弁護士は少なからう。工場労働者、農民、水平運動、植民地被圧迫民族と、十年一日の如く席の温ることはなかつた。そして最後に、彼れはその法廷より追放され、自らも牢獄に投ぜらるるに至つた。かうした弁護士はまだ今日までの日本にはなかつた。布施辰治は四月四日、満都の春に背いて豊多摩刑務所に入つたといふ通知を受取つた。桜花から青葉への三ケ月の健康ならむことを祈つてゐる。(四月二十日、朝鮮平壌にて)

いわゆる直接行動論者だった中西伊之助が、(ブルジョア弁護士・自由主義者と捉えていた)布施辰治の真剣な単独普選運動に教示され、その人間性に惹かれていったことが語られている。布施と同志的心情を交わすようになった中西の文章は、在野精神を堅持して信じるままの道を歩んだがゆえに弾圧された布施への「レクイエム」だったのかもしれない。

それにしても、当該期は過酷な時代だった。布施は中西が心配した入獄から社会復帰するが、それも束の間、満五三歳になった九月一三日の早朝、労農弁護士団事件で再び検挙され、目白警察署ほか少なくとも七つの警察署タライ回しをへて起訴され(↓市ヶ谷刑務所未決監へ移送)、検挙から五三六日後の一九三五年三月四日にやっと保釈となる。この長期拘留は、検挙された弁護士二十数人中ただ一人、いわゆる転向要求を拒否したからと考えられる。東京朝日新聞はこう報じている。「昨年九月一三日一斉に検挙された日本労農弁護士団の巨頭弁護士布施辰治氏は以来満六ヶ月間丸之内署その他の警察に留置、東京地方検事局中村検事の取調を受けてゐたが全く転向の色なく遂に一三日治安維持法違反のかどで起訴、身柄は市ヶ谷刑務所に移された」（一九三四年三月一四日付）。

布施辰治は、懲戒・新聞紙法違反に次いで三回目の法廷闘争に挑む。以下に紹介するのは、松本広治の布施にかんする上申書（控訴審、一九三七年）である。第三期で紹介した堺利彦の布施評と同じく裁判資料であるが、閲覧可能なので「布施語り継ぎ」資料として扱いたい。

三十年ノ弁護士活動ヲ終始スル布施氏ノ行動ノ基準ハ、基督教的人道主義デアリ、弱者ノ為メニスル義侠心デアリ、而シテ性格ノ押シノ強サカラ来ル堂々タル戦斗的態度ニヨツテ独特特異ノ地歩ヲ占メラレタモノト存ジマス。コノ正義派的斗争的人道主義ノ立場カラ一歩ヲ出デズ且ツ一歩モ退カズシテ、共産党事件ノ弁護ニ当タラレタモノト存ジマス……

ト申シマシテモ、布施氏ガ相手ニナリ切ル程ノ深イ同情カラ弁護スル以上、無政府主義者ノ場合モ、ソノ意図ノ善良、人間致美点ニハ牽カレズニハ居レナカツタ点モアツタデアラウシ、主義ソノモノニ就テモ、其ノ肯ンズベキ点ニハ之ニ同情サレタデモアラウ事ヲ否定スルモノデハアリマセン。斯クノ如ク抱擁的、発展的デアツタレバコソ、時代ト共ニ進展スル諸事件ノ弁護ノ過程ニ於テ、布施氏自ラ進歩発展シテ、遂ニ明治、大正、昭和ノ一方ニ於ケル代表人物トシテ、其ノ人間的完成ノ道ヲ進ンデ来ラレタノデアルト存ジマス。然乍ラ、ソレハ時代ノ進歩ニ遅レナカツタト云フニ過ギズ、布施氏ノ人生観ニハ遂ニ飛躍ナク、最後迄基督教的人道主義、義侠的正義派ヲ出テ居リマセン。

松本の指摘を整理しよう。①布施の「行動ノ基準」は義侠心にもとづく「基督教的人道主義」＝「戦斗的人道主義」である。②このような人道主義を共産党事件の弁護の原動力としていった。③無政府主義者や共産主義者の人間性に惹かれて主義主張の中で肯定できる点には深い同情を寄せた。④時代とともに進展する事件の弁護では自らも進歩発展し、明治・大正・昭和の一方の代表人物として「人間的完成ノ道」を進んだが、それは時代の進歩に遅れなかっただけというべきで、「人生観ニハ遂ニ飛躍ナク、最後迄基督教的人道主義、義侠的正義派ヲ出テ居リマセン」。

注目したいのは、③の前提となる「布施氏ガ相手ニナリ切ル程ノ深イ同情カラ弁護スル」である。この部分は、第二期の島倉事件の被告との葛藤の中で布施が思い定めた原理、すなわち「人道主義者としての同情はその人になるにあり」＝「一体化志向」を自らが検挙される一九三三年まで愚直に実践していた事実を伝えており、③と④に該当する原文はその事実にそって読み込む必要がある。最後の「人生観ニハ遂ニ飛躍ナク」は、手厳しい評価ではあるが、人道主義を人生の基本指針と信じ続けたゆえに次の段階（松本の想定ではマルクス主義）へは半歩たりとも前進しなかった、という意味である。もちろん松本は、共産党被告人への一体化をめざしてマルクス主義の理解に努めていた布施の「愚直」を評価していただろう。

日本労農弁護士団事件の裁判に戻すと、布施は一、二審で有罪判決、一九三九年五月に大審院が上告を棄却して「懲役二年、未決拘留二百日通算」の原審判決が確定する。前述したが、布施は前掲の大審院判決文を「この上もない心の慰めです」と受けとめて千葉刑務所に入獄、刑期終了後は四五年八月一五日の敗戦まで特高の監視下におかれる。

治安維持法違反を問われた人間にたいする世間の目はとりわけ冷たく、「アカ」と誹謗したり、「危険人物」と見做した。一九三三年以降のファシズムの時代には、その人格まで否定するのが常であった。布施にあっても例外ではなく、ふる里・石巻地方の人々はその赫々たる事績を話題にすることを憚っただろう。とはいえ、布施が帰郷すると、生家に村長や農協の組合長ら有力者が集まって夜更けまで話し込んでいたという。布施が信じて疑わなかった人間の良心——、暗くて陰湿だった時代の心暖まるエピソードである。

ここで、森長英三郎が伝える後藤亨弁護士の布施にかんする「語り」を紹介したい。時は一九三八年である。布施と同郷の後藤は、一五歳のとき、布施の招きで布施事務所の書生になる。以来、後藤は事務所と布施家のさまざまな要請に応え、布施の社会運動の裏方としても信頼され、日本労農弁護士団事件にも連座するが、三八年三月に病死する。以下は、布施が編集した『弁護士後藤亨君を偲ぶ』(一九三八年、私家版)に寄せた森長の追悼文である。

後藤先生は布施先生のことを最後まで心配してゐた。死ぬ二〇日ほど前に、布施先生の事件(労農弁護士団事件のこと——引用者)が未だ解決しないのを如何にもはがゆそうに「布施先生が、刑事事件を解決しない中に、山の事件(岩手入会事件のこと——引用者)をあんなに広げるのは、何かに化かされてゐるのだろう」としきりに気を揉んでゐたが、後に布施先生から、その理由を詳しく聞いて、喜びながら、僕にもその理由を教えてくれたことがあつた。そこには後藤先生が布施先生を思ふ情愛が溢れて居た。

冷徹な森長には珍しく感情移入した文章である。後藤と同様に森長も布施から信頼されていた弁護士だった。皇太子誕生恩赦を機に仙台弁護士会に弁護士登録（一九三七年一一月）した布施が入会事件の受任を増やしている、との後藤の懸念はよく分かる。布施は労農弁護士団事件で拘留されていた間も岩手の山の民に思いを馳せ、保釈（三五年三月）になってすぐに現地への調査行を申請、特別に許可されて異例の長期旅行を実現する（六〜七月）。もちろん、特高刑事の監視付きだった。なお、復活した弁護士資格は同事件有罪確定により抹消される（三九年六月）。

調査行の紀行文「奥の入会紀行」は、東北の山村民の生活実態を見事に捉えている。[21] 締めくくり部分には、「布施人道主義」の真骨頂が示されている。

最も苦しむ者の為にと云ふ心持ちは、やはり最も遅れたる者を見返って之を置き去りにしない心持ちでなければならないのだ。世界中に一人だって見殺にされてゐゝ人類が無いと仝時に、正しい文化には一人だって置き去りにされてゐゝ人類がないのだ。

布施は出発の日に記した「山の人達を置き去りにしてはいけない」を思い出しながら、「正しい文化には一人だって置き去りにされてゐゝ人類がないのだ」と、東北人の怒りのマグマを爆発させている。「正しい文化」とは「正しい文明」と同義であり、「正しい文化・文明国家」の意味を含意させていただろう。布施の怒りは、山の民を「文化・文明」から排除し、放置している国家への苛立ちに発していたのだろう。

一九九〇年代、石巻の布施顕彰会の有志がかつての布施の旅を追体験した。私は参加できなかったが、「布施人道主義」を語り継ごうとする東北人の気概を感じた。

人道主義者・布施辰治は、戦争とファシズムの時代を試行錯誤しつつ生き抜いた。私的に綴った文章によると、布施は太平洋戦争開始のころから日本の早期敗戦を予測し、敗戦が引き延ばされる中で一日も早い敗戦を待ち望んでいた。一九八〇年、森長英三郎は戦争中の布施を回想している。「戦中、布施さんは逗子町西小坪三一五の網元の家みたいな大きな家に疎開していた。私は何度かそこを訪ねたが、ある時、布施さんは私を鎌倉駅まで歩いて送ってくれた。トンネルをとおって材木座へ出る道である。鎌倉の町で、間引疎開のための建物の取壊し作業をみた。布施さんは徹底抗戦の軍の肚をみたのであろう。馬鹿なことをすると怒っていわれたのを覚えている。私はそこに布施さんの本心をみたような気がした」[22]。

五　復活——新憲法とともに生きる——（一九四五〜五三年）

「初江は息をきらしていた。眼がぎらぎらと光っていた。埃のうっすらと浮いた顔は、会場にどんな服装の人々が集り、どんな風に昂奮して立ったり坐ったりしたかを物語っていた。しかも、その頬に、二条三条の筋がついている。眼のまわりには埃が不整な地図をつくっていた。「ね、弁護士の布施辰治さんがね、あの御老人が立ち上がって開会の挨拶をされてね、両手を演壇の机について、皆さん久し振りでした……、って云ったの。そしたらね、わたしもう我慢がならなくて泣いてしまった。皆さん久し振りでした、ってね、ほんとにほんとにどんなにか久し振りだったのよ、ね」（堀田善衛、一九五六年）。

第五期は、布施辰治が心待ちしていた敗戦の日から死去までの八年間である。元号では昭和二〇～二八年までである。

一九四五年八月一五日敗戦――、布施辰治が多くの民衆の前に姿をみせたのは、一〇月一〇日の出獄自由戦士歓迎人民大会（於、東京芝区の飛行会館）である。颯爽としていた布施の姿が民衆の前から消えて一〇数年、堀田善衛が文学作品の中で若い女性（安原初江）に語らせているが、「皆さん久し振りでした」が長い沈黙を破る最初の言葉だったようである。[23] 演壇からの布施の言葉に感きわまって、初江のほかあちこちで泣き出した人がいたようである。

布施の第一声に応じて、堀田は初江に「久し振り」という言葉を連発させているが、これも事実だっただろうし、会場の雰囲気を象徴する言葉だったに違いない。切り離されていた布施と民衆、及び民衆と民衆の関係……、その関係を取り戻すには「久し振り」が必要だったのである。当の初江は「康子」に向かって話していた。

それがどんなに久し振りだったか、初江の涙は康子の胸にもつたわった。「そう、皆さん久し振りでした、って」初江にとって、それは昭和七年以来、十五年（十三年？――引用者）振りであった。「わたしだけじゃないのよ、男のひとも沢山ね、中年の人が多かったけれど、布施さんが机に両手をついてそう云ったとき、わあって泣き出した人がいたわ。演壇に赤旗を下げてね、旗っていったってただ赤いだけのきれなんだけど、それでも赤旗を見るなんて、ほんとに久し振りのことよ。……

小説の中の安原初江は、東京の公営バスや地下鉄争議のさいの組合活動家であり、モデルとなった人物は一九三二（昭和七）年に布施の支援を受けたと考えられる。すでにみたように、布施はその年の一一月に弁護士資格を剥奪され、翌年には新聞紙法違反で投獄され、出獄してまもなく日本労農弁護士団事件で検挙されて、人々との接触を敗戦の年まで阻まれていたのである。

出獄自由戦士歓迎人民大会は〝伝説の人〟を復活させた。一〇月一〇日から布施辰治にかんする「語り」が再開されたのである。布施は六〇代半ばの老人になっていたが、弁護士資格を取り戻した「社会活動の発電所」は力強く再起動し、人々は布施に再び熱い眼差しを向ける。敗戦後の布施にかんする「語り」は、新憲法が保障する言論・出版・集会などの自由のもとでなされたという事実が重要な意味をもつ。

弁護士活動の再開、復活した自由法曹団の顧問就任、戦後民主化政策にかかわる各種提言、生産管理諸事件、プラカード・メーデー・三鷹・松川事件、各種占領法規違反事件などの弁護、在日朝鮮人関係諸事件の弁護、宮城県知事選への立候補、日本労農救援会（→国民救援会）の委員長就任、公安条例廃止運動、平和運動……と、布施辰治は戦前同様に寧日なき日々を送ることになる。

一九四九（昭和二四）年一一月、「弁護士布施辰治誕生七〇年記念人権擁護宣言大会」が開催される。布

施顕彰の意味合いの強かったその集いには、約三千人（朝鮮人七〇〇〜八〇〇人）が集まったとされる。[24] 大山郁夫・平野義太郎・細川嘉六・中野重治・上村進・浅沼稲次郎・宮本顕治らが、「祝辞」という形で布施の事績と人間的魅力について語っており、大会記録はいろんな意味できわめて貴重であり、その中には、戦前・戦中においては自由に語れなかった布施と天皇制官憲の闘いも含まれている。在日朝鮮人と思われる高チョウイフ（大会記録のママ）は、布施の闘争心の源に人類愛をみると語っている。また、岩佐作太郎は日本アナキスト連盟の代表として飛び入り発言をし、布施と山崎今朝弥から多大の支援を受けたと語っている。そのあとの懇談会では、神道寛次・森長英三郎・尹鳳求らがこもごも語っている。[25] 後年、この記録は石巻市の布施を慕う有志によって復刻される。それについては後述するが、同大会が参加者を通して布施の事績の意義を広く伝える契機になっただろうことは容易に想像できる。

同大会の直後、「労農弁護士の横顔」という布施辰治評が出る。[26] 評者は「XYZ」とあり、おそらく弁護士だろう。戦後の布施にかんする部分を紹介しよう。

布施辰治の自由法曹団における地位は、……顧問ということになつているようだ。顧問といえば雛壇のようなものであつて、そつと祭り上げられておかれたものともいえよう。しかし社会では、上村進が自由法曹団の団長格ならば、彼は総裁ぐらいに思つているようだ。これは彼の四〇年間終始解放運動に捧げた功績のためであるとともに、社会が彼の実力を買つているという証拠でもあろう。……

終戦は、日本を解放するとともに、彼を解放し、弁護資格を復活させた。往年の闘士も、いまは白髪もまばらに、さすがに老境を思わせるが、その闘志は、二〇代の青年とことならない。そして自由法曹団の中堅幹部が病弱なのに引きかえ、七〇歳を越えた彼は、九州から北海道までかけめぐつている。その法廷のかけ引きのうまさ、車中で起訴状を読んだだけで三時間でも、四時間でも弁論する能力はいまなお何びとの追随も許さない。彼は名誉慾が強いという人もあるようだが、成程パツとした華々しいところは好きらしく、稚気満々たるところもあるのは、彼が永遠の青年であつて、老人の愛嬌でもある。しかし愛光堂生産管理事件など、団員の誰もが、半ば手をひいているとき、彼は一人でこつこつと世間に忘れられた事件をつづけるという面もある。

いずれにしても彼は、明治、大正、昭和にまたがる解放運動史上の英雄であつて、後世の史家も抹殺することはできまい。最後に、彼のもとで修習した弁護士は二〇人近く、この点でも大きな存在である。そのなかには、黒田寿男、中村高一、武藤運十郎、青柳盛雄、夭折した大森詮夫、後藤亨、河合篤などがあり、岡林辰雄、森長英三郎、小澤茂なども、彼の門に出入りして教をうけていたと伝えられるから、まことに多士済々というべきである。……

どんな悲境に陥つても悲観しないで、前途に光明をみつけて、こつこつと自信をもつて、やつて行くことは、彼の特徴だ。

朝鮮人の人権を擁護する活動には言及していないが、布施の幅広い活動ぶりを語り、「稚気満々」「永遠の青年」「解放運動史上の英雄」「どんな悲境に陥つても悲観しない」など、的確な布施評であり、布施にとっては思いがけない、嬉しい古稀記念の「賛」だっただろう。そして、復活した自由法曹団に馳せ参じた戦後派弁護士らは、末永く語り継がれるべき弁護士（像）である、と受けとめたのではないだろうか。

また、布施が亡くなる前年（一九五二年）、阿部眞之助が編集した人物論の中で布施がとりあげられている。[27] 執筆者不詳で短評、内容もかなり粗雑ではあるが、布施が醸し出していただろう独特の雰囲気は伝わってくる。

一九五三（昭和二八）年初夏、布施辰治は回復不能の病に倒れる。新聞各紙（社会タイムス・毎夕新聞・時事新報・国際新報・都政新報・北海道新聞・アカハタなど）は、自宅闘病中の布施について報じている。多数の労働者が捕まった疑惑の三鷹・松川事件などの裁判動向を危惧する布施、戦前の弁護・社会活動にかんする聞きとりに懸命に応じる布施、これらを報じた記事は、布施の存在感の大きさを広く世に伝えたことだろう。帝銀事件の被告・平沢貞通（画家）は、獄中で描いた富士の絵に「法聖 布施辰治先生 御快癒を祈りまして強く直く 民まもらるゝ 聖いのち千代生き給へ 正義の光で」と記し、布施に贈っている。

布施辰治・布施家と長年親交の厚かった小生夢坊は、毎夕新聞（八月五日付）に「布施辰治重患」を寄せている。「……布施辰治が病いに倒れ、その容態が悪化している。このことは発表して世上を騒がするもどうかと思つたが、僕は、この強烈な民衆の味方として七十余歳の今日迄闘い抜いて来た輝かしいフセ・辰治の重患を黙つて置いては間違いだという見解から、ここに発表する。……全プロレタリアの名の下に、翁の起床回復を祈念せずにはいられない、……人が人を審くことの矛盾を説破し、絞首刑の罪悪を叫びつづけ、法律の深い解釈を普及し、その闘争にかけては『名人芸』のもち主であつた布施翁を死なすことがあつては、云うところの文化日本の大きな損失である。病床で固く手を握りしめた僕は、現代医学の研究に国会が一向に費用を出していないことを憤怒した。……」。

医師・家族らの手厚い治療と看護も空しく、布施辰治は九月一三日に死去する。享年満七二歳。人は生を閉じることで語り直されるが、「巨星墜つ」と報じられた布施のばあいは、国内外の実に多くの有名無名の人たちや諸団体からその死を惜しまれ、追悼談話、追悼文、弔辞・弔電などでその諸事績と人柄が回想された。

新聞に掲載された秋田雨雀・河原崎長十郎・小生夢坊・中野重治・難波英夫・平野義太郎・羽仁五郎・本郷新・正木ひろし・李康勳らの追悼の言葉から、抜粋して紹介したい。

三好十郎（劇作家）「……彼の思想的傾向やその時々の行動に常に必ずしも賛成できなかつた私などでさえ、『ここに一つの頼りになる人が立つている』と思うことができた。ちかごろの大臣などが十人亡くなつたよりも布施さんの死は惜しい」（読売新聞、九月一七日付）。

本郷新（彫刻家）「そのとき私は驚いたのだが、先生がモデル台にすわると、一種の人間的な偉さ（風格といつたのでは足りないような）が、たちまちあたりの空気を支配するという感じをうけた。ことに細部に入つてあの眼を注意してみると、あの眼のかがやきはすばらしいものであつて、あの眼光に射られて、歴代の裁判長のなかには、イキナリその胸中の汚物にさわられる思いをして、ふるえあがつたものも少くないだろうと感じた」（「布施関係資料」から、掲載紙・日付不明）。

平野義太郎（法学者・平和運動家）「……第二次世界戦争後、朝鮮人学校事件のときは大阪、神戸に奔走し、三鷹、松川事件の弁論に至つたのはあまりにも名高い、現在国民救援会の中央委員長であつたし、本年六月のブダペスト世界平和大会は氏を世界平和評議会の日本連絡委員に推したし、病床の枕頭には中国平和保衛委員会より贈られた花瓶を飾つてうれしそうだつた。『生くべくんば民衆とともに、死すべくんば民衆のために』という氏のモットーは七十四年の全生涯をつらぬいて実践された、新中国において、すでに目標とされている『刑は刑なきを期す』の新社会が日本で闘われているとき、布施さんの一生の奮闘は永久に記念されるにちがいない」(国際新聞、九月二四日付)。

羽仁五郎(歴史学者)「布施さんは監房でも立派に闘われた、『人間はマクラがなけりや寝られない、入れろ』と要求してマクラを獲得、また『歯ミガキがないなら塩をまわせ』と申し入れ、おかげでみんなが助かつた。当時警察は、われわれにすぐ手記を綴ることを強要したが、布施さんは徹底的に拒否され、かえつて令状なくして留置したことなど一つ一つ不法なことを鋭く追及された、私はこの姿をみて、基本的人権擁護の闘いがどのように厳しいものであるかを学ぶことができた。……その後私は目白署からタライ回しになることと決まり、不安に満たされていた、房から出てゆくとき、ふと見ると鉄格子を越して布施さんが見えた、さようなら——と目礼した私に、布施さんはうなずいてニツコリほほえまれた、そのとき私は燃えるような闘志が胸の底に湧きあがるのを覚えた——基本的人権を守るために闘つてこられた布施氏を失つたことはこのうえなく悲しいことだ」(国際新聞、九月二四日付)。

難波英夫(社会運動家)「明治のはじめに生まれた先覚者で、今日まで、自由と民主主義の旗をおろさず、まもりつづけた人は、そうたくさんはない。そのまれな人の代表的人物が、布施辰治先生であつた。先生は自由と人権を心のそこから重んじていた。だから、労働者であり、百姓であり、社会主義者であり、共産党員であるがために、また朝鮮人であるがために、中国人であるがために、人権を無視され、じゅうりんされるのを、だまつて見ておれなかつたのである。だから先生は、自由と人権をまもるために、官憲の弾圧にたいして断固としてたたかつたのである。先生は、人間の生命を尊重するがゆえに戦争に反対し、死刑の廃止を主張されたのである。しかし先生をして、自由と民主主義を守り通さした外の力を忘れることはできない。それは先生に弁護された被告たちであつた。労働組合や農民組合の指導者たちであり、共産党員であつた」（アカハタ、九月二七日付）。

秋田雨雀（劇作家）「……布施さんが出て来るとおのずからそこに道がひらける。一見ムヤミに闘争的な人のような印象を与えたこともあるようだが、実はそうではなくて、実にムリをせずに浸透してゆける人だつたと思う」（「布施関係資料」から、掲載紙・日付不明）。

田坂貞雄（弁護士）「……弁護士は官憲のつくつた法にしばられてはダメで、それを超越すべきだ、つまり合法性のゆるす限りで法の活用をはかるべきだというのが同君年来の主張で、少しの欠点でも容赦なくついて行つた。それだけに弁護は人一倍熱心で、こんどの松川事件についても病床で弁論要旨をかき皆にくばつた」（「布施関係資料」から、掲載紙・日付不明）。

李康勲（朝鮮人運動家）「布施先生の四〇年の闘争歴の半分までは朝鮮人のためだつたとわれわれは思つている。朴烈氏など自動車を買う金があれば、布施先生のために宅の一軒くらい建ててあげなければならぬほどの恩を受けている。……日本の軍国主義、帝国主義に対して闘うわれわれ民族を、どれだけ擁護してもらつたか、私だけではなく朝鮮人は全部といつてよいほど感謝している」（国際新聞、九月二四日付）。

柳宗黙（在日朝鮮人僧侶）「先生は私たち朝鮮人にとっても真に慈父のごとく大兄のごとく、又かけがえのない救済の大船のごとき存在でした。今ここにお別れせねばならなくなったことを、百ぺん、千べん、万べんもかぎりなく悲しみ、弔うものです」（弔辞）。

そして、布施の没後一〇日目、布施の長男・布施柑治による挿絵入りの評伝「父の生涯」が、国民救援会の機関紙に掲載される。(28) 国民救援会からの要請だったのか、柑治の申し出だったのかは分からないが、早すぎた連載開始だったといわざるをえない。そして連載一七回目、布施辰治が平澤光子との結婚を決意したところで頓挫しているが、資料操作を含めて内容的にかなりキメの荒い物語風の評伝であり、途中で筆を折ったのは、結果的には良かったというべきだろう。父親の予想以上の巨大さに押し潰されたということだろう。「禍を転じて福となす」――で、そのときの挫折？が数年後の単行本に生かされることになる。

また、闘病中の布施を思いやる中国人青年の大胆な行動を紹介しながらの小生夢坊の追悼文が、没二カ月後に月刊雑誌に掲載されている。(29) 敗戦直後の極度の混乱状況下で無軌道な行動に走った異民族の青年にとって、精神的に布施がどれほど頼りになる存在だったかを伝えている。

この期の特徴は、日本国憲法体制のもと、布施辰治が主として「顕彰」と「追悼」「追想」という形で、政党政派を超えて語られたことだろう。そして、人々の心には布施の事績の重さと多彩さが刻み込まれただろう。被抑圧異民族だった朝鮮人によって布施が語られ、布施と朝鮮人の友情と連帯の事績に光が当てられ始めたことも指摘しておかなければならない。

［没後］

一　親族・弁護士・研究者・活動家らの「布施語り」（一九五三～七七年）

「人の噂も七五日」というが、さすが布施辰治――、七五日をとうに過ぎても多くの語り手たちがその多彩な事績について語り、四つの「評伝」が登場して、さらなる「語り継ぎ」に繋げていった、という意味で重要な時期である。

小生夢坊・本多定喜『涙を憤りと共に―布施辰治の生涯―』（学風書院、1954年）

布施の死去から約半年、一九五四（昭和二九）年二月、布施にかんする単行本が出版される。小生夢坊・本多定喜『涙を憤りと共に―布施辰治の生涯―』である。これは前掲の本多久泰『全民衆の味方 吾等の辯護士 布施辰治（明治篇）』（一九三〇年）の改訂増補版であり、布施追悼の評伝である。なお、本多久泰と本多定喜は同一人物である。

同書の表紙は、血のメーデー事件（一九五二年）での警官隊によるデモ隊弾圧を描いた版画（青・赤系二色刷り）である。表紙（表裏とも）には、頭から血を流して倒れているデモ参加者、林立する赤旗と多数の警官、横転して火を吹いている自動車が描かれている。布施は同事件の弁護団長だった。警察予備隊創設（→保安隊→自衛隊）、レッドパージ、全面講和拒絶のサンフランシスコ講和条約・日米安保条約成立、そして破壊活動防止法の制定準備という、日本国憲法の平和主義・人権保障の原理を根底から脅かす動きの中での事件だった。同書出版の直前には、憲法擁護国民連合が結成されている。同書は、以上のような時代背景を念頭において読まれるべきだろう。

構成としては、本多定喜＝久泰の前著（各見出しの修正、若干の文章の加筆修正、平易化を図っている）に加えて、小生夢坊による「布施辰治論」、布施の「獄中抄・随想」、布施の略年譜、山崎今朝弥・本多定喜・田坂貞雄・望月辰太郎・添田知道・平野光一・尾山篤二郎・渋谷定輔・長野国助らの詩文などで構成されている。序文は小生と寺田四郎が書いている。サブタイトルは「布施辰治の生涯」となっているが、全生涯がたどられているわけではない。しかし、内容からいって評伝的な本と理解して差し支えない。布施の死を惜しみつつ、その人間臭さや一途な性格をそれぞれに語っていてなかなか興味深い。

小生の随想的「布施辰治論」は、洒脱で面白い。本多の布施論と同じく思い込みの強さが気になる部分もあるが、要所に戦前・戦後の思い出を織り交ぜ、布施の波瀾の足跡を、戦後に比重をおきながら自由闊達に語っている。布施を神棚に祭り上げることなく、布施家の人間模様も織り込みながら布施の人間性に迫っており、なかなかに読ませる。意外にも、戦後の布施についての「語り」が今日まで少ないように思うので、その点でも貴重である。布施を失ったことの大きさを語った部分を紹介しよう。

施しを法によつてやつた布施だつた。彼の死は、彼の力で、法のしもとから救われたり、利益を守られたりした人だちや、彼をオヤジとする自由法曹団系の急進弁護士だちの胸をしめあげる大きなショックであつた。

「施し」とは小生独特のいい廻しであって、布施自身に「施し」意識があったわけではない。

本多による旧著への加筆部分の一節も紹介しておこう。「明治、大正、昭和の三代に亘り、正義人道に立脚して、人類解放のために七〇余年の生涯を捧げつくした彼だつた。また『吾等の味方』と呼ぶに最も親しみ深かりし布施辰治は、民衆の心を掴み、且つ民衆の中に育つて来たのだつた」。また、同書のあちこちに挿入された山崎・本多・望月らの随想、尾山・田坂らの詩句は、布施の人間的魅力を彷彿させる。同書に注文をつけるとすれば、在日コリアンによる「語り」が含まれていないこと、小生の「語り」に布施と植民地朝鮮との関係が少ししかふれられていないこと、などである。

小生夢坊（本名は小生第四郎。一八九五〜一九八六年）は、漫画家・社会評論家で、関東大震災直後から曽我廼家五九郎などの劇団に参加し、布施の協力のもとで俳優争議を敢行している。左翼系雑誌などでその批評精神を発揮した。布施には『死刑囚十一話』（一九三〇年）という本があるが、布施が口述したのを小生がまとめたものである。布施家とは長い交遊関係にあった。共著者の本多定喜は、そのころ「電気民友新聞」の社長をしていた。布施没後は布施の政治信条とは異なる政派で活動を始めたようで、それを「俗的転身」という人もいる。本多には、「布施先生追慕」（電気民友新聞、一九五九年九月一一日付）という文章もある。

小生・本多による布施評伝の直後、反骨の弁護士として著名な正木ひろしが月刊雑誌で布施を追悼している。このあとに紹介する『布施辰治　対話抄集』中の正木関係分を先行して掲載したもので、掲載誌向けに書いた前書き部分の一節は、布施へのさまざまな評価を集約した内容ともいえる。

> 終戦以前の帝国主義時代において、人権を擁護するという仕事が、どんなに苦難の途であったか、それは何よりも布施氏の年譜がこれを物語っていると思う。同氏を除いて大正、昭和の日本人権史を語ることは絶対にできない。今日、各方面に人権擁護活動をしていられる弁護士のうち、直接間接に同氏の指導を受けた者は非常に多く、また現在一般に行われている法廷闘争の様式などにも、同氏の先鞭によるものが少なくない。[30]

これは布施の事績の本質部分を指摘していて重要である。

さて、前掲『布施辰治　対話抄集』（一九五四年、非売品）であるが、病床の布施が親しかった人たちに語った思い出を一周忌にあたって小冊子にしたものであり、布施の足跡と人間性を知るうえで貴重な資料である。[31]同冊子には「布施辰治追想懇談会に於ける諸士の挨拶集」が添付されており、高野実と蓬田武の「語り」が注目される（市川義雄・佐藤佐藤治も挨拶）。

高野実（労働運動家）は、関東大震災時の布施の救援活動を追想している。布施が民衆から慕われたのは、こういう行動が普通にできた点にあった。

私はまだ早稲田の学生で、ハカマをはいて、学帽をかぶつていたのですが、布施さんはその時、たくさんの学生を集めて、たくさんの着物を積んだ荷車を、本所から深川の方まで引いて行きましたが、布施さんは私ども学生の十台、二十台という荷車の先頭に立つて、困つている方に着物を配布したり食料をやつたり土地や家のことで、いろ〱ご相談をなさいました。

私どもは、全く何人にも知らない学生ではありましたけれども、このようにして、朝から晩まで、貧しい人々のために働いてくれる弁護士に対して、大きな敬意を払つたのでした。

布施辰治記念会
『布施辰治 対話抄集』(1954年)

また、蓬田武（弁護士）は、二人の未成年・朝鮮人が起訴された特高刑事殺害事件（一九三二年）で争点となった犯行時間について、検事に反論した布施の見事な弁護ぶりを追想している。場所は東京地裁陪審法廷、陪審裁判の特徴をふまえた白眉の弁護だったといえるだろう。

ところが先生は、いよ〱陪審員に対して弁説を試みた時に、とう〳〵たる弁説の途中において、ハッと口をつぐんだのであります。

先生、どうしたんですか……気持でも悪いのか、頭が変になつたのか、もうしやべらないのか……まだか、ずい分永いな、どうしたのか……

検事も裁判官も我々も陪審員も、皆、先生の顔をじつとながめた。ずいぶん時間がかかるな、どうしたんです。

ところが先生は、おもむろに言葉を開いて「陪審員諸君、私がいま発言を止めた時間は何分だつたと思われるか。五分十分という永い時間だつたと思われるであろう。

ところがどうか、たつた三十秒ではないか。人間の気持は、非常に緊張している時には、一分二分の時間を三十分四十分にも感ずるものだ。今回の事件が起る時、そんなに永い時間がかかつたはずはないんだ」

そういつて弁論を閉じられたのであります。

布施の存在感は警察の留置場でも健在だったようである。勝目テル※（社会運動家）は、前代未聞の出来事を回想している（アカハタ、一九五四年九月二四日付）。

布施さんとは両国署で一緒になった。私たちは歓迎会を開くことを決め、看守らが動揺するなかで最古参看守の「わしは首になつても賛成する」の言で一一月六日、のど自慢大会を開いた。上役の見回りを警戒して、三人の看守がピケを引き受けてくれた。一人ずつ「布施さんの前にたつて、はればれした顔でうたいはじめた。説教強盗のおじさんの物まね、あさくさエンコの（浅草公園の）はあ公のダンス、なにわぶしをうなるスリの名人など、そうぜい一三〇人の中からの自信組だけに、やんややんやの拍手がつづいた。さいごに、われわれの仲間一一人はそれぞれの房の格子戸の前にかがやかしい顔をのぞかせて、インタナショナルを合唱した。そのあとで、布施さんが、あの特徴のある調子でのべたつぎのようなお礼のことばを、私は忘れることができない。『ながい間、不当な拘留にとじこめられている私に、今夜ほど、かんげきと勇気をあたえてくれたことはありませんでした。諸君のあたたかい今夜のこのおくりものを、私は生涯、こころにこめて、そして諸君とともにたたかっていくことを、ちかいます』。さらに布施さんは、緊張しきつている看守に笑顔をむけて『諸君の予想外の御支持にあつく、お礼を申します。こういう居心地のいいところだつたら、いつまでいてもいいと思うくらいです』と結んだ。みんなは思わず手をたたき、そして爆笑したことであつた」（一部要約）。

＊勝目テル（当時、関東消費組合連盟婦人部長）は、仲間と共に検挙され、両国署へ廻されてきた布施辰治と一緒になった。

布施没後、布施が本格的に語られるのは一九五六（昭和三一）年ごろからである。戦前・戦中から縁のあった人たち、親族、そして在日朝鮮・韓国人が語り始める。それによって布施の全貌が少しずつ明らかになってくる。

布施の死去から三年、その強烈な印象が人々の記憶から薄れようとしていた一九五六年、布施の活動全体をふまえた評伝が法律月刊誌に登場する。森長英三郎「人権擁護運動史上の二先達 その2・布施辰治」[32]である。森長は人権擁護史における弁護士の先達として、山崎今朝弥に続いて布施辰治をとりあげているが、二人を公私両面でよく知る森長は弁護士の視点から山崎と比較しながら辰治を語っている。

その「語り」は、戦後の布施の扱いが簡単に過ぎるという難点はあるが、冷静かつシヴィアーな、つまり批判的精神を堅持した切り口、及び実証を重んじる手法で、弁護士＝法律家としての布施の思想と行動をそうとう的確に捉え、その戦闘的な人道主義の内実に迫っている。また、布施と自由法曹団の深いかかわりについても語っている。とりわけ、山崎今朝弥と比較しながら布施を語る視点が斬新かつ巧みで、それによって布施の特徴を浮き彫りにしている。布施の全体像を明らかにする道程での一里塚を築いたといえ、その意義はいまなお失われていない。森長は懐古趣味的に二人の先達を語ってはいない。新憲法と新弁護士法のもとで人権と民主主義の精神を育みつつあった戦後派弁護士たちに、過酷な時代に先達らが身体を張って示した弁護士像を学ばせたい、との意図があったのではないか。

「暗い谷間の時代」に公私ともに布施の世話になった森長だけに、そのころの布施の日常についてもよく知っている。その意味で、以下の一節は示唆的である。

布施はいかなる逆境に立つも、前途の光明を失わないという楽観的な陽性の性格であったが、一日としてぢっとしておられない、何か仕事をせざるをえない活動的なはげしい性格であったために、なすべき仕事を奪われた彼は、苦しんだことと思う。

残念なことに、森長の「語り」は長いものではない。それだけに省かれている点も多いが、前掲の小生・本多の評伝と同じく、布施と朝鮮人・台湾人との交流、それと関連する植民地朝鮮・台湾での活動に言及していないのは、かなり気になる点である。また、森長は別の論文で、後掲の布施柑治『ある弁護士の生涯』、『布施辰治外伝』にふれながら、「波瀾に富んだ布施についてては、社会科学者による本格的な伝記が出てもよいだろう」と語っているが、日本近現代史のうねりの中に布施の事績を正確に位置づけ、社会科学的に検証する必要があるという意味だったのだろう。前述したが、この言にきわめて単純に反応したのが布施の「人となり」に惹かれつつあった私＝森正である。自らの浅学・非才を弁えずに「布施辰治評伝」に挑むことを公言、以後、研究（時間）の大半を費やすこととなったのである。もちろん、これはボヤキの類いではなく、むしろライフワークとして取り組んだ「経過報告」である。

一九六一年、森長は「布施辰治の懲戒裁判」も執筆している[33]。同懲戒裁判は日本弁護士史において強く記憶されるべき出来事であり、弁護士がその全貌を初めて明らかにしようとした点で画期的だった。後掲の布施柑治の作業にも寄与しただろうと考えられる。

森長英三郎（一九〇六〜八三年）は、浅草山谷での放浪生活をへて弁護士になっている。アジア太平洋戦争＝十五年戦争中は布施や共産党・宮本顕治の治安維持法違反事件、戦後はプラカード事件やレッドパージ事件、数々の冤罪事件などを手がけるとともに、幸徳秋水らの大逆事件の再審運動にも尽力した。また、弁護士史や弁護士評伝、各種裁判を中心に旺盛な執筆活動を展開、日本近代史の司法領域での諸問題の掘り起こしとそれらの解明に努めた。現代の弁護士は森長の仕事にもっと注目し学ぶべき、と考えるのは私だけではないだろう。

森長の布施評伝が出た一九五六年で忘れてならないのは、布施の甥にあたる太田隆策が「布施辰治出生の地」と大書した碑を建立したことである。太田は三九年に満州へ渡るが、彼の地で日本留学の経験のある朝鮮人から「布施辰治弁護士は朝鮮人の恩人だ」と聞かされる。太田はその言葉を胸に刻み込んで敗戦後に帰国、布施が世を去ったあと、個人的に顕彰碑を建立する。太田の志は、それから三〇年近い歳月をへて石巻市民に引き継がれ、新たな顕彰碑が建立される。

森長に続いて、平野義太郎「人権を守った人々―布施辰治を中心に―」[34]（一九五九年）が登場する。平野は、布施の「治安維持法違反被告事件記録抄本」、同事件の「控訴公判準備書面」ほか諸資料を参照して、その弁護活動の基本姿勢などを列記、花井卓蔵や鵜沢総明ら「ブルジョア自由主義弁護士」と布施の違いを鮮明にしている。「評伝」とまではいえないが、研究者による最初の布施辰治論という点、布施の被告事件資料を使っている点、などに注目したいが、マルクス・エンゲルスの原典から国家や法についての言説を抜き出す平野特有の手法を同論文でも駆使することに努めており、その結果、布施の各言説の内容分析に及んでいないという難点がある。平野も治安維持法違反容疑で二回検挙されたことがあり、その体験が同論文執筆の一つの動機だったようにも思う。なお、平野は戦前から布施とかなり濃密な交流があり、戦争中に同じような「躓き」を経験している。

平野論文の翌年、青柳盛雄（弁護士）の布施評が出ている。一九三一（昭和六）年から三年余り布施事務所で修業し、その間に日本労農弁護士団事件で検挙された青柳は、短い文章ではあるが、弁護士＝社会運動家・布施辰治の本質を的確に捉えている。(35) 一カ所だけあげておこう。

　犠牲者が無政府主義者であろうと共産党員であろうと、その思想・信条・政治的立場のいかんによって、その態度を変えるようなことが絶対にありませんでした。

前掲「父の生涯」から一〇年近く経過した一九六三（昭和三八）年、布施柑治『ある弁護士の生涯』（岩波書店・新書）が出版される。同書は今日まで読み継がれている、いわば布施評伝の定番である。同書で初めて布施の全体像が明らかにされたといってよい。なお、幼少青年時代の布施については、前掲の本多久泰『全民衆の味方 吾等の辯護士 布施辰治（明治篇）』（一九三〇年）にそうとう依拠している。

布施柑治『ある弁護士の生涯―布施辰治―』岩波新書、1963年。

同書の構成は二部立てとなっており、前半の「F氏の生涯」で布施の全生涯を語り、後半の「F弁護士の懲戒裁判」では、厖大な裁判資料を駆使しながら布施の法廷闘争を再現している。「まえがき」の冒頭には、布施の「思想と情熱を跡づけた評伝であります」と記されている。その意図はかなり成功しているように思うが、新書版ゆえに、波瀾万丈だった布施の評伝としては短編に過ぎるといわざるをえない。

しかし、布施の足跡の節目節目をかなり的確に捉えることで、その思想と行動の時期区分を暗示し、全体として説得力ある評伝に仕上げている。また、布施を一貫して「F氏」と呼称するなど、父親をできるだけ客観視する手法をとることで、換言すると、親子の間に意図的に距離をおくことで、その人間性・人間味を炙り出そうとしている。

ところで、布施辰治を最初に「F氏」と称したのは中西伊之助であり、一九二四（大正一三）年のことだが、柑治にとっての「F氏」は動機が違っている。実は、父と子は三〇年以上の長きにわたって愛憎の緊張関係にあり、それは父親の死まで続いたようである。同書「まえがき」からも伝わってくるが、「F氏」の意味はこのあたりにも込められていそうだ。同書は父子の厳しい確執が産んだ作品ともいえるが、後年、布施家をよく知る森長英三郎は、「父母の愛うすき人によって、布施辰治伝が書かれることは歴史の皮肉である」[36]と評している。ただし、両親の愛が薄かったというのはあくまでも森長の主観であって、的確な表現ではないように思う。

第一部は、布施関係資料を渉猟したうえで書かれており[37]、当然、体系的に語ろうと意識されている。布施が植民地支配と闘う朝鮮人・台湾人に示した無私の友情についても、かなり正確にふれている。布施と妻・光子の微妙な間合いなどについてもふれており、平々凡々な家庭ではなかったことを示唆している。しかし、なんといっても短編の悲しさ、布施の質量ともに驚嘆すべき人生の軌跡を、その思想とのかかわりで説得的にフォローするには無理があり、重要な事績が落ちている（落とされている？）ものもある。また、事実関係での誤りもいくつか見受けられる。

私の印象であるが、柑治による脚色や創作と思える部分もある。父と子は、柑治が一〇代半ばのころから緊張状態に入り、それ以後、日常的な交流はほとんどなかったようである。そのためなのか、柑治には父子が親密だったころの〝こだわりの父親像〟があり、そのゆえに説得力を感じさせたり、逆に説得力に欠けると感じさせる部分がある。あと一つあげると、柑治が布施関係資料を渉猟していると前述したが、一九〇三（明治三六）年、及び一二年から一四年にかけての、すなわち大正初頭のかなり大部の日記については、ほとんど目を通していないように思う。ここで具体的には指摘しないが、同書を読んでいてそう思わせられる個所が散見される。布施の日記は解読が非常に困難であり、さすがの柑治も匙を投げたのだろうが、日記には、弁護士になるころの苦悩、トルストイに帰依していく日々の心情など、〝民衆の弁護士〟としてデビューしていくころの生々しい心の軌跡が記されているし、ほかならぬ柑治への深い愛情なども知ることができ、布施にかんするまさに第一級の原資料なのである。

とはいえ、私は親族による評伝としては優れた作品だと思っている。森長英三郎は、「名著とは思わないが、他に類書がないので、今でも版を重ねている」[38]と、まことに辛辣だが、実証を重んじる森長からすれば、やや情緒的傾向のある柑治の「語り」に苛立ちを感じたのかもしれない。

第二部は、布施辰治にたいする懲戒裁判（一九二九～三二年）の杜撰さを、裁判資料にもとづいて明らかにしている。ルポルタージュ風の手法で、布施・弁護人・検事・裁判官のやりとりが立体的に再現されており、読み手に在野法律家としての布施の魂にふれさせる力がある。同裁判をめぐる布施と国家権力側のシヴィアーな闘いは、布施の人生で記念碑的な位置を占めているし、社会科学的にいまなお重要な論点を多く含んでいるので、今後さらに検討されるべき課題である。その意味で、第二部もまた貴重である。『ある弁護士の生涯』は岩波新書として出版され、多くの人たちに読まれた。「この本が弁護士をめざすきっかけとなった」――、私は一九九〇年代に、そしてつい最近も、そういう声に接している。同書がインパクトの強い評伝である一つの証しといえる。

布施柑治は、一九〇六（明治三九）年に辰治・光子の長男として生まれている。文学的才能に恵まれていたようだが、国民新聞の記者をへて日本経済新聞の記者となる。六一年に定年退職し、日本放送芸能家協会事務局長に就任、七八年に死去している。父親とほぼ同じ年齢で鬼籍に入ったことになる。前掲書のほか、このあとにとりあげる『布施辰治外伝』を発行している。いわゆる布施辰治物とは無関係であるが、アジア太平洋戦争中の時局出版物といえる『人生の真実』も編んでいる。

布施柑治による布施辰治評伝は、まもなく黒田了一（憲法研究者）によって生かされる。憲法研究所の憲法講座報告レジュメ「人権のために死闘した法曹布施辰治」（一九六五年）である。(39) 黒田は柑治の仕事に依拠しながら、布施の思想の特徴、権力にたいする抵抗と人権擁護活動を紹介し、それらは妻子の犠牲のうえに成立していたと結んでいる。文字通りの素描ではあるが、「彼は高度のロマンティストではあっても、それほど大地に足を踏まえたリアリストではなかった」などの評は、視点としては面白い。

ところで、布施柑治による布施辰治評伝が出た一九六三年、中野重治が「布施杜生のこと」を発表している。布施杜生は柑治の弟であり、布施評伝にも登場するが、その扱いは小さい。この兄弟の間にも早くから緊張関係があり、それは弟が亡くなるまで続いたようである。文学徒としての杜生の存在は一部の関係者だけに知られていたが、中野の文章で少し広がったといえよう。なお、短文ではあるが、中野は四七年に新聞で杜生を紹介している（アカハタ、一二月二一日付）。

同文章の発表までには一五年の空白がある。中野は一九四八年に脱稿していたが、掲載予定だった雑誌の廃刊で〝お蔵入り〟させ、一九六三年の『中野重治全集』一八巻に収録したのである（→後掲の布施杜生遺稿集に添付された冊子に転載）。内容は杜生の人物描写に終わらず、父親の辰治の本質にもふれており、はなはだ興味深いのでここで紹介したい。布施辰治存命中に発表していたら、どんな反応をしただろうか。

前からわたしは弁護士の布施辰治氏を知つていた。すべてわたしたちは、弁護士布施辰治氏には多かれ少なかれ世話になつたものである。そこでわたしは、何かの次手に、布施さんという弁護士があるが君は知つているか、何か親類関係ででもないかといつて訊いたところ、あれはオレのオヤジだといつた。……これにはわたしはちよつと驚いた。

それから杜生という名まえについて、……何かトルストイに関係づけて名づけられたものかどうか訊いたところ、それはそのとおりで、オヤジの馬鹿が、小ブルジョア的センチメンタリズムで、生れた子供にそんな名を勝手につけたのだといつて、口をきわめてオヤジの小ブルジョア的センチメンタリズム（と彼の名づけたもの）をこきおろしたが、その言葉があまりに猛烈で、わたしは相槌をうちかねた。それよりも、その猛烈なコキオロシが、この名を彼自身それほどいやにも思つていないらしいこと、同時に、そういう父親を、どこかでひどく愛しているような、弁護しているような気持ちを暴露していることに私として気づいた。こういうことは、その後も幾度もあつたように思う。

布施家と交流のあった中野が親族による布施評を初めて紹介していること、その内容が熱烈なトルストイアンにたいするシヴィアーでリアルな評であること、などに注目したい。

作家・中野重治と布施杜生の関係は、杜生の遺稿集『獄中詩 鼓動』（永田書房、一九七八年）中の略年譜昭和十年の項に簡潔に記されている。「（満二一歳の）六月、『社会主義的レアリズム』論争の発展的活路―という論文をまとめ、初めて、中野重治氏を訪ねる。以後、文学を始め、人生上の良き理解者として、終生、中野氏に師事し、その指導を受けた」。中野や野間宏・久保田正文らは、布施杜生に新しい文学開拓の才能を見出していた。京都大学時代からの友人・野間は、一九四八年、杜生を追想して「僕の前には布施杜生がいる。そして僕の中に生きている彼の魂と共に生きなければならない」と述べている（『短歌主潮』九月号）。杜生については、拙著『評伝 布施辰治』で少し詳しく言及した。

中野の同じ文章に、布施辰治のヴォルテール的思考に驚かされる場面がある。時は一九四一（昭和一六）年前半のことと推測するが、中野は杜生の結婚の件で布施辰治を訪ねている。

布施は結婚することになつた。今度わたしは、そのことで布施弁護士に会わねばならなくなつた。そしてわたしは意外な事態にぶつかつた。つまりいえばわたしの至らなさの証明である。……わたしなどの人間の見方はまだまだ浅いと自覚させられたのである。……

簡単にいえば、弁護士としての父は……この結婚に反対であつた。しかし息子の結婚を妨げようという意志は毛頭なかつた。それは息子の自由である。この自由はまもられねばならぬ。つまりヴォルテール的であつた。おまえの言葉にはおれは反対だ。しかしそれをおまえが言う自由のためにはおれは戦おう——というあの行き方だつた。そこで息子はそれを実行する。そこで家から独立する。すなわち彼は分家せねばならぬのである。それを父が承知するかどうか打診するというのがわたしの任務の一つだつたが、そういう問題の経過だつたから分家するということをこちらから言い出すのにわたしは骨を折つた。……「つまり分家をすればよろしい。」そのとき父がそう言つた。父のほうが私のところへ出かけて来たようなものである。わたしは使命をはずかしめたことになつた。

このあと、中野が「ぎやふん」と参ってしまう場面がある。主観的に過ぎながらも実に客観的でもある、世にいわれる「親ばか」の範疇を大きく外れた息子評である。中野はこの話を杜生に伝えただろうか。

それからいろいろ話をして、父が息子に失望せぬようにと思つて、わたしが布施の才能や何かについてわたしの考えを話した。そしていろいろと、つまり彼のプラスの点を並べて話した。しかしそのあとで父がこういうことを言つた。「わたしは、杜生君が（この父は息子のことをそう呼んだ。）いくらえらくとも、才能にめぐまれていようとも、よしんば天才であつたところで少しも驚きません。そうでなかつたら驚くでしょう。要は、それを杜生君がはたして現実化するか否かということにあると存じます。布施弁護士はズウズウ弁なので、ほとんど荘重ともいえる調子でこう言われたのだから私は全くぎやふんと参つたわけであつた。

後年、布施辰治は臨終の床で、京都大学新聞の後継紙「学園新聞」の要請に応じて杜生の思い出を語り、その性格にふれて「深刻そのもので、取組んだ問題の追求に、その骨を切らねば止まないというようなところがあり」と指摘し、「純情」とも表現している（一九五三年六月二九日付）。布施の胸中には真っ直ぐな「杜生君」がずっと生き続けていたに違いない。付記すると、中野は以上の面会を機に布施辰治・光子夫妻との交流が始まり、杜生の獄死直後には光子の日常相談にも乗っている。布施家との関係で中野とよく似た立場だったのが秋田雨雀（劇作家）であり、『雨雀自伝』や『秋田雨雀日記』がそのことを教えてくれる。

一九六六年、自由法曹団が『自由法曹団物語』（労働旬報社）を出版する。四九年の座談会「かく歩みし自由法曹団の道」（山崎今朝弥・布施辰治・上村進・神道寛次・青柳盛雄・森長英三郎）の記録（『人民の法律』五号、一九五〇年）、及び平野義太郎の前掲の布施評も転載しており、布施を語る者に有益な材料を提供している。同じ脈絡で、岡林辰雄弁護士の「布施辰治の人と業績[40]」（一九六九年）、「布施辰治[41]」（七二年）も忘れてはいけない。岡林は一九三二年からしばらく布施辰治事務所に在籍し、布施の理解のもと左翼活動に専念していた経歴の持ち主であり、布施にみられる「階級的弁護士」の側面を強調している。前掲の平野論文の視点にそっている点に特徴がある。岡林もまた治安維持法の犠牲者だった。あとの文章では、「大きく澄んだ目は、対座している人のひろげる書類を、逆さのままで、ちゃんと読みとっていることが、はたで見ていてわかった。見るからに聡明そのもので微細なものも見のがさないように見えた。……未亡人が『先生は威張りたいほうでしたから』と述懐されていたように、山崎（山崎今朝弥のこと――引用者）とは対照的に『長』になることを好んだ。しかし負けずぎらいの性格は、思いのほか親しみやすい稚気をのぞかせることもあった。僕の将棋は日本一だと誇ったことがある。よく聞いてみると、少年時代の木村名人を負かしたことがあると言うのであった」などと、布施の「人となり」についてもリアルにふれている。弁護士二〇人をとりあげた本に収録されているので、ほかの弁護士と読み比べてみると辰治の特徴がよく分かるはずである。また岡林には、エッセイ「回想の布施辰治」(42)（六三年）もある。

布施柑治『ある弁護士の生涯』から五年後の一九六八年、在日朝鮮人の金一勉が「布施辰治弁護士と在日朝鮮人」(43)を発表する。朝鮮人による辰治にかんする最初の本格的な「語り」である。金は在日朝鮮人と自由法曹団の関係を論じた連載物の初回で辰治をとりあげ、日本の朝鮮支配といかに真剣に向き合い、朝鮮人の人権擁護のためにいかに勇敢に闘ったか、などを体系的に語っている。金はいう。「もし私に尊敬すべき日本人を挙げろといわれるならば躊躇なく、河上肇と布施辰治をあげるであろう」(44)。

一九七一年、森正蔵が社会主義運動の中での人物論として辰治をとりあげている。(45)短文ではあるが、戦前における国家権力と布施の対決に注目しており、一つの布施像を浮き彫りにしている。

そして一九七四年、布施柑治『布施辰治外伝―幸徳事件より松川事件まで―』（未来社）が出版される。「外伝」とは、同人による一一年前の前掲『ある弁護士の生涯』を「正伝」とみなしての表現である。「布施辰治物語」としての意図、及び「外伝」という形式で前著を補おうとする意図が窺われる。

同書で柑治は、布施の論文・エピソード・日記・書簡・詩句などに依拠しながら、二三件に及ぶ事績について紹介し、コメントするという手法をとっている。巻頭には、入会訴訟に尽力した岩手北上山地での馬上の姿、亡くなる六カ月前の演説姿など、貴重な写真を掲載している。「まえがき」と「あとがき」には、同書への思いが種々綴られているが、前著へのさまざまな評価を意識しつつ、布施の全体像を描くことの困難さを伝えようとしているように思える。「布施辰治その人の人間味を書き伝えたい」(「あとがき」)という動機にそくしていえば、前著以上にその人間味を引き出していて、それが最大の魅力となっている。

重要なのは、評伝＝伝記にたいする柑治のこだわりが同書を光らせていることである。柑治は、「リアリズムを尊重しながらもいわゆるクソ・リアリズムを金科玉条―大切な法則としない伝記」と位置づけ、自らの「造形」意識を大切にすることで布施の人間味を引き出したことを示唆している。前著について私が指摘した〝脚色〟や〝創作〟に関連する問題である。それは親族だけに許される手法なのかもしれない。あとは柑治の「造形」作業(ある種の文学的営為)、その結果として引き出された「布施の人間味」が、読者にどれだけ客観的に受けとめられるかである。評伝のあり方をめぐって深く考えさせられる手法であるが、私の前掲『評伝 布施辰治』においては、間接・周辺資料、または「クソ・リアリズム」の延長線上に「推論」の翼を羽ばたかせてみた。

同書でとりあげられた事績中、布施を探るうえで特に印象深いのは、①「関東大震災当夜の刑務所訪問」、②「東京と京城(ソウル)の間」、③「日記〝奥の入会紀行〟」、④「二人の朝鮮青年の不運と陪審裁判」である。①では、緊急時の鋭敏な人権感覚、②と③では、朝鮮人、東北の「山の民」への熱い友情と連帯心、④では、卓越した弁護術……などが痛いほどリアルに伝わってくる。布施辰治への探求心をよりいっそう刺激されるのは、私だけではないだろう。

布施柑治の心中に踏み込む感想であるが、父・辰治の死から約二〇年、父親にかかわる直接・間接の諸資料と「対話」する中で、激しかった愛憎の感情があらかた氷解していったのではないか、という気がする。父親の死直後に新聞に連載した伝記（中途で挫折？）、そして「正伝」→「外伝」執筆といった柑治の営みは、父との愛憎の日々の意味を問う、長い長い心の旅路だったといってよいだろう。その意味でいえば、心の旅路の方向性を示しているのが「おやじ布施辰治」[46]（一九六四年）なのかもしれない。そこでは、例えば「自信過剰」という父から子への遺伝子を、柑治は楽しげに受容しようとしている。家庭での布施辰治の厳格にしてユーモラスな「殿様」ぶり、そんな父との葛藤を語っていて、心なごむエッセイである。

一九七六年、前掲『自由法曹団物語』の改訂・増補版『自由法曹団物語』[47]（戦前編・戦後編）が発行される。戦前編での向武男「一九三三年の弁護士群像」は、同志ともいうべき弁護士たちとの共闘の中で布施が語られており、その存在の大きさが鮮明にされている。私は同書（戦前編）を書評した（赤旗、一九七六年一一月二二日付）。

その一年前、自由法曹団の一員だった谷村（戦前は谷郵）直雄が布施を回想している。「大杉栄とか古田大次郎とかアナキストの人たちと親しかったようだが、布施さん自身は情緒的なアナキストではなく理念的だったと思える」[48]という指摘は注目される。「理念的なアナキストだった」という意味なのだろう。私は布施にアナキストの心情に強い理解を示す傾向をみており、そもそもアナキズムに惹かれていたのではないかと推察しているが、これ以上は言及しない。

第一期の特徴を示すと、布施辰治の親族と弁護士・友人らによってその生涯がほぼ明らかにされたこと、在日コリアンによって、布施と植民地朝鮮・朝鮮人の関係が本格的に語られ始めたこと、自由法曹団の中での布施が明らかにされ始めたこと、などであるだろう。絵画でいえば、全身像の素描がそうとう進んだ段階といえるだろう。

二　市民らの多様な「布施語り継ぎ」（一九七七〜九九年）

当該期は、一九八三年ごろから布施辰治が市民からも語られるようになったという意味で画期的である。傑出した人間は市民に語られることでその真価が問われ、人間像が明らかになるばあいがある。

長男・布施柑治が亡くなったその年、布施を直接知らない世代の研究者が布施の足跡を追いかけ始める。私＝森正である。(49) ①「法律家・布施辰治の民主主義思想と行動(1)(2)」（一九七八、七九年）は、思想と行動の面から辰治の生涯をたどろうとしていた。しかし、第Ⅰ章で述べたように、浅学を露呈することとなる。

森正は、自由法曹団が中核となった戦前の反体制的な弁護士運動を調べる機会があり、同団に結集した弁護士群像としては、ひときわ異彩を放っていた布施辰治に強く惹かれた。しかし、前掲論文は明治期だけでもろくも挫折する。戦前日本の民主主義者のメルクマールとして、「天皇制と植民地問題についての思想」を設定、イデオロギー偏重の視点で布施を語ろうとし、早々に筆を折ったというわけである。布施辰治という怪物は、そう簡単にその正体をみせてくれるはずがなかったのである。

研究の軌道を修正した森は、そのあと地道に布施の足跡を追おうとする。短いものを除いて、一連の作業を紹介しておこう。②森正・中村正也「布施辰治における戦前の著作活動(1)〜(5)」(一九七九年)、③「布施辰治による『憲法改正私案』と『朝鮮建国憲法私稿』」(八〇年)、④「布施辰治の生涯—ある弁護士のたたかい—」(八六年)、⑤「『岩田義道死因調査書』と弁護士・布施辰治」(八七年)、⑥「弁護士・布施辰治の人道主義」(八八年)、⑦「太平洋戦争中の弁護士・布施辰治(上)(中)」(九〇年)、⑧「私にとっての『布施辰治』」(九二年)、⑨「布施辰治の事績と研究の現代的意義—顕彰碑建立を機に—」(九四年)、⑩「弁護士・布施辰治と儒教思想(1)(2)」(同年)、⑪「布施辰治とアナキストたち」(九五年)などである。そのほか、布施が中心的に登場する森の著書・論文を列挙すると、A『治安維持法裁判と弁護士』(八五年)、B『私の法曹・知識人論』(九七年)、C「法的実践とマルクス主義法学」(七六年)、D「日本労農弁護士団一斉検挙事件」(八一年)、E「天皇制国家権力による弁護士大弾圧」(八三年)などがある。

各論文の意図や意義について簡単に説明しておきたい。②では、検索を主として中村正也(明治大学図書館司書)が、解説を森正が担当、未完成ではあるが、著作活動の面から布施を「客観的に」探ろうとしたという点で意味があったように思う。また、資料紹介という点で布施「語り継ぎ」に資することができたように思う。③では、布施による象徴天皇制導入の新憲法案、及び新朝鮮の憲法案を紹介することで、朝鮮人への布施の熱い思いを伝えようとしている。④では、布施の運動家・思想家としての足跡、その生き方にみられる真摯さと真剣さを明らかにしようとした。⑤では、ファシズム前夜、警視庁での布施の特高刑事との毅然たる対決を明らかにした。⑥では、布施の人道主義を構成している三つの思想（イ良心＝善性はあらゆる人間に宿っている、ロ世の不正義にたいして社会的弱者とともに闘う、ハあらゆる思想に寛容である）について検討している。⑦では、戦争中の日記などを手がかりに、布施の戦争協力の実相を探り、その苦悩に分け入ろうとしているが、未完のままである。事が人の「躓き」にかかわるかぎり、キメの荒い調査、甘い詰めでは許されない、ということである（最終的には拙著『評伝 布施辰治』で論じた）。⑧では、布施研究の自分史をたどりつつ、布施の求道者としての側面に光を当てる伝記＝評伝の必要を説いている。⑨では、布施の代表的な事績をふまえたうえで、その研究の現代的意義を、東アジア近現代史と日本法曹史の中で捉えることの大切さを説いている。⑩では、布施の思想の基盤にある儒教精神を父・栄治郎にまで遡って探ろうとしているが、これまた未完である。⑪では、布施が弁護したアナキスト事件をとりあげ、被告たちへの布施の思いに注目している。とりわけ、ギロチン社事件の古田大次郎（一審判決に服して刑死）に寄せた心情からは、布施の人間観の原点が垣間見える（拙著『ある愚直な人道主義者の生涯―弁護士布施辰治の闘い』で少し詳しく論じた）。

ふり返ってみると、かなり精力的に、しかし、関心のおもむくままに布施を語っている。調べれば調べるほど、書けば書くほどに、布施辰治という人物に魅せられているのがよく分かる。私には、戦前日本の民主主義運動における布施の思想と行動、人道主義の本質、植民地支配にたいする認識、朝鮮人との友情と連帯、アナキストたちに寄せた心情、戦争中の足跡……などを検討しようとする問題意識があり、それらはいずれも布施の全体像に迫るための不可欠の視点と考えていた。ただし、布施が東北地方の出身だという事実に特別の注意を払わなかったことについては、反省点としてあげておかなければならない。

ところで、布施は戦前、多くの書生や新人弁護士を事務所に受け入れ、一人前の弁護士に育てあげた。武藤運十郎もその一人である。武藤は一九二七（昭和二）年から三年余り布施事務所に所属した。その武藤が七九年にまとめた自叙伝中の「弁護士登録、布施辰治法律事務所入所」の項で、仕事を通してみた布施を語っている。先生から受けた良い影響をいえば、「第一に必ずやりぬく強固な意思、第二に不正を憎む正義感、第三に依頼事件への忠実、徹底、非妥協的遂行」であり、悪い面をあげると、「自我が強く一匹狼的な生き方」である、(50)などと。

多忙な仕事、布施の強烈な個性、布施事務所のマネージャー役でもあった光子（布施の妻）の強い性格、事務所独立のさいの行き違い、などへの怨み辛みからか、バイアスのかかった布施批判が散見され、中でも「凡て自分に奉仕するためにあるというような、唯我独尊的、エゴイスチックの所があった」は、布施の人間性にかかわる評だけに、よくよく吟味される必要がある。私見を示すと、それらは布施の誤解されやすい面の一傾向に過ぎず、それらが本質的な特徴だったならば、生涯を民衆とともに歩むという、厳しくて困難な選択をすることはなかっただろうし、民衆から尊敬され支持され続けることはなかっただろう。

武藤は独立した翌年、布施が主宰していた借家人同盟の別組織を結成している。また、布施が頭目とされた日本労農弁護士団事件に連座したにもかかわらず、自叙伝でふれておらず、年譜にも記述はない。連座を自らの汚点と捉えていたのだろうか。

武藤の四年前、すなわち一九二三（大正一二）年に布施事務所に入った中村高一は、同じ弁護士団事件に連座するまでに関与した朴烈・金子文子大逆事件、共産党弾圧事件などをとりあげ、布施を冷静に語っている（「権力に抗した弁護士・布施辰治 小作争議弁護のなかにみた同志」[51]）。性格の違いも関係したのだろうが、武藤と比べて中村は、布施のもとで生き生きと仕事をしたようである。付記すると、戦後、武藤と中村は、社会党国会議員として政治活動に就いている。

一九五六年に短文ながら内容の濃い布施評伝を書いた森長英三郎の「人間・布施辰治」（一九八〇年）を看過してはならない。武藤・中村と立場は違うが、弁護士業の出発にさいして布施夫妻からなにかと援助を受けた森長は、プライベートな領域での布施もとりあげ、独特の批判精神と観察力でもって、布施の凄さや律儀さ、可笑しさ、家族観、布施夫妻の緊張関係などをかなり赤裸々に語っている。それから四年後、前掲「一九三三年の弁護士群像」を書いた向武男弁護士が「布施辰治の懲戒裁判」を発表する。[52]布施辰治懲戒問題は、森長英三郎→布施柑治→向武男の脈絡で言及されたことを記しておきたい。

一九八三年、布施のふるさと石巻市で「布施辰治先生を顕彰する石巻市民の会」（以下、市民の会）が発足する。それは同市の開業医・菊田昇が、前掲の布施柑治『ある弁護士の生涯』を古本屋でみつけたことに始まった、政党色のない、その意味では布施にふさわしい市民運動だった。菊田昇・櫻井清助（古本屋店主）・庄司捷彦（弁護士）らが中心となった不定期の集まりで、市民たちは自由に〝それぞれの布施辰治〟を語り合っていたのだろう。

布施辰治は一九二〇年代前半（大正中期）までは「郷里の誉れ」だったようだが、重苦しい時局の到来でしだいに警戒され、二〇年代後半（昭和初期）から四五年の敗戦までは「危険人物」視され、郷里の親族はひどく肩身の狭い思いをしたようである。そういう状態は戦後もしばらくの間続き、布施の甥・太田隆策が五六年に建てた顕彰碑もあまり注目されなかった。そのような中、市民の会は一九八三年、「布施辰治先生三〇回忌追悼会」を企画する。布施の親族が招かれ、孫にあたる布施鉄治と大石進が祖父の思い出を語っている。そのときの記録は、布施への思いを綴った市民たちの文章とともに『布施辰治 郷土の先達、人権擁護の旗手』（一九八四年、非売品）にまとめられる。また、石巻新聞が八三年、「人間・布施弁護士の逸話」を連載する。親族が布施の実相を語り、市民たちが石巻を意識しながら布施を語る――、そんな記事を読んだ石巻地方の人たちは、布施の人間としてのスケールの大きさに驚いたことだろう。

一九八五年、市民の会は「布施辰治三三回忌追悼記念講演会」を主催、私＝森正が「布施辰治の生涯――ある弁護士のたたかい――」と題して語っている。その講演録は、『布施辰治の生涯 石巻が生んだ人権擁護の先駆者』（一九八六年、非売品）としてまとめられる。この講演会を機に、石巻新聞は「正しくして弱きもののために 布施辰治」を連載、九〇年にも「いま人権問題を考えよう 弱者の味方布施辰治」を連載する。これらは、石巻地方の人たちが布施を気楽に語り合う雰囲気を作ったのではないだろうか。終生、ふる里を愛し、ふる里の農民の存在が思想と行動の起点だった布施が、死後三〇年近く、一九八〇年代に至ってようやく市民レベルで広く語られ、腹蔵なく顕彰されるようになったわけである。布施はようやく市民たちに受け入れられて里帰りしたのである。

布施が「里帰りした」といったが、一九九〇年、札幌市と鎌倉市在住の布施の親族から、膨大な布施関係資料が石巻市の石巻文化センターへ寄贈される。これこそ布施の「里帰り」といえる出来事だった。そして九二年、同センターから『布施辰治関係資料収蔵品目録』（森正解説）が発行される。それ以降、同目録は布施を調査・研究し、語るさいの重要な道標となっている。

少し遡るが、一九八三年、水野直樹「弁護士・布施辰治と朝鮮」[53]が発表される。在日コリアンによる季刊雑誌が前年の教科書問題を機に日本人の朝鮮（人）観を考える特集を組み、福沢諭吉・内村鑑三・新渡戸稲造らと並んで布施辰治をとりあげた企画である。歴史研究者の水野は、前掲の金一勉論文などもふまえ、植民地朝鮮の東亜日報や日本の各種資料を駆使しながら、布施の朝鮮（人）観を語っている。惜しむらくは、一九年から二七年ごろまでの期間の検討で終わっている点であるが、布施の事績を東アジアの中で捉える視点を示したという点で画期的な論文といえる。水野は布施の植民地・民族問題への認識に疑問を呈しつつも、論文をこう閉じている。「日本人としての布施が、朝鮮に対してほとんど距離というものを感じていないかに見える姿勢には、気にかかる点もあるが、布施が朝鮮人に対して常に誠実な態度をもち続けたことは、疑いない」。朝鮮人もまた布施を心から信頼し、コップ朝鮮協議会の機関誌は、「朝鮮人にとって忘れることのできない我らの弁護士」と呼んだ。「日本と朝鮮の歴史のなかで、これはまことに稀有な関係だったといわねばならない」と。

一〇年間にわたる石巻の市民運動における一つの到達点が、一九九三年の「弁護士布施辰治顕彰碑」の建立であった。地元産の巨大な石に「生きべくんば民衆とともに 死すべくんば民衆のために」が刻まれ（大内魯邦「謹書」)、裏面には森正の撰文による布施辰治の生涯が記されている。字数制限のゆえに舌足らずな個所があるが、布施のふる里の人たちの思いと私の思いが響き合った顕彰碑なので、ここに復刻紹介したい。

顕彰のことば

わが国における人権擁護の大先達である弁護士布施辰治は、一八八〇(明治十三)年十一月十三日、ここ石巻(旧蛇田村)に生まれた。当地は古くから文化交流の地で、一九世紀後半にはキリスト教や民権思想が流布、辰治は父栄治郎や洋医の安倍辰五郎、漢学者の今野賢之丞らの薫陶を受け、農村の窮乏を農民として体験、十八歳のとき世を救う志を立て上京する。

明治法律学校に学んだ辰治は、検事代理を経て一九〇三年に弁護士となる。辰治は内村鑑三らのキリスト教、社会主義思想、足尾鉱毒告発の田中正造に啓発され、とりわけロシアの文豪トルストイ翁の人道主義を終生の哲学とし、民衆の弁護士をめざす。その偉大な足跡は左の事績に明らかである。

明治から大正中期にかけては、東京市電値上げ反対騒擾事件、鈴ヶ森お春殺し事件、釜石・八幡製鉄等のスト事件、小繋入会権事件などの弁護の他、司法改革、普選運動、部落解放、公娼廃止、被抑圧異民族支援などの社会運動に献身、在野法曹として大正デモクラシーを中心的に担う。また、三菱・川崎造船所人権蹂躙事件を契機に山崎今朝弥、上村進らと自由法曹団を結成、次いで借家人同盟を結成する。

大正後期から昭和にかけては、伏石・木崎・前谷地等小作事件の弁護、労農党の結成関与、関東大震災時の社会主義者と朝鮮人弾圧・虐殺への抗議、朴烈大逆事件の弁護などに奔走する。また、植民地民衆の人権擁護のために朝鮮・台湾へ何度も渡航、「我らの弁護士ポシ・ジンチ（布施辰治）」と慕われる。

ファシズムと侵略戦争の前夜、辰治は民衆弾圧の治安維持法と苦闘、共産党事件で弁護の先頭に立つが、やがて弁護士資格を奪われ、新聞紙法・治安維持法違反で二度投獄される。しかし、辰治の真摯な弁護活動は大審院をして「多年人道的戦士トシテ弱者ノ為ニ奮闘シタ」と讃えさせた。

戦後、再び活動を開始した辰治は自由法曹団顧問・日本国民救援会会長に就任、プラカード・三鷹・松川・吹田事件、占領軍の軍事裁判、在日外国人の諸事件などを弁護、ウィーンやパリでの平和・人権国際会議に招かれたが国の旅券交付拒否のため断念、一九五三（昭和二十八）年九月十三日、国内外で敬愛された不世出の戦闘的人道主義者は七十三歳で永眠した。

民衆の人権擁護のために生涯を捧げた布施辰治の歩みは、近現代日本の人権史に燦然と輝いている。

一九九三年一一月十三日

布施辰治顕彰会がまとめた『追憶　弁護士布施辰治』（一九九三年、非売品）では、親族や私のほか、弁護士の大塚一男・竹澤哲夫、布施の元秘書の高橋欣一郎、国民救援会会長の山田善二郎らが、布施を語り、その人間味を浮き彫りにしている。さらに大塚一男は、顕彰碑建立の意義と布施の影響力の大きさを説く文章を週刊誌に寄稿、布施の「生き方は時代を超えて人びとの心をとらえている」[54]と語っている。

以上は、まさに布施辰治の「社会化」現象といわざるをえない。同じ脈略で『朝日人物事典』（朝日新聞社、一九九〇年）をとりあげたい。同事典は近現代の人物を扱って最も詳細であるが、布施は弁護士では唯一人、記述分量四ランク中の第一ランクに入り、森正が執筆している。同じ年、NHKテレビ仙台支局が「週刊東北ゼミナール」で布施をとりあげたこと（森正が出演。地方放映→全国放映）、森正のシナリオによる演劇「布施辰治 生きべくんば民衆とともに」（於、名古屋市、一九九二年）が、アマチュア劇団「愛知・県民の手による平和を願う演劇の会」によって上演されたこと、そのさいには布施の親族や布施を知る弁護士、石巻市民らが観劇したこと、などを特記しておきたい。同演劇では、布施と朝鮮人の友情と連帯に焦点を当ててみた。テレビ映像に次いで演劇という方法でも布施が語られ、それを複数の新聞・テレビが報道したのは、布施辰治の「社会化」という意味で意義あることであった。

中村正也・今井昌雄「明治大学図書館所蔵 弁護士布施辰治旧蔵資料」（一九九八年）が、この期を締めくくっている[55]。一九六四、六五年に布施の親族から寄贈された資料の目録・解説のほか、同書のタイトルからは連想できないが、前半部分に「布施辰治略伝」と「明治法律学校」の項を設け、布施の出納簿の検討などによって、これまであまり知られていなかった学生時代の日常生活を明らかにしている（中村が執筆）。

第二期を終えるにあたって記しておきたいのは、一九七八年、布施杜生『獄中詩 鼓動』（永田書房）が出版されたことである。布施杜生は布施辰治・光子の三男であり、中野重治・野間宏が監修している。中野の杜生論に出てくる布施評は没後の第一期で紹介した。なお、同書には杜生が両親に宛てた書簡も収録されている。

この期の特徴をあげると、布施辰治の出身地である石巻地方の市民たちが顕彰運動を通して「語り」に加わったことで布施の「社会化」がふる里から始まったこと、布施と直接縁のない比較的若い年代の研究者が「東アジアでの布施辰治」をも意識しながら布施を語り始めたこと、テレビ映像や演劇という方法で布施が語られたこと、などである。

三　日韓協力の「布施語り継ぎ」（一九九九〜二〇〇五年）

二〇世紀末からの当該期は、前期からの語り手の拡大現象が韓国にまで広がったという意味で、まさに画期的な時期である。私は前期の序盤一九八〇年代半ばから国内での「布施語り」の拡大に関心を寄せ、なんらかのお手伝いを心がけてきたが、それが国境を越え、跳ね返って日本に有形無形の影響を与える……などについては、もちろん予想だにしていなかった。

一九九九年一〇月、ソウルで開催された世界NGO大会を機に、韓国で布施辰治を顕彰する運動が起こる。発起人は鄭晙泳で、かつて日本を訪れたさいに布施柑治『ある弁護士の生涯』を入手、朝鮮民族の人権擁護のために尽力した布施辰治の事績を知り、自国での顕彰構想を抱いたようであり、金大中政権の誕生を追い風にして旗揚げしたのである。そして、韓国メディアはこの運動を好意的に報道、二〇〇〇年三月には朝日新聞が「ひと」欄で鄭晙泳をとりあげ、その運動が日本でも広く知られるようになる。

鄭晙泳が代表を務める「布施先生記念事業会」の大目標は、国際学術大会の開催、韓日合作映画の製作、記念碑建立、韓国政府による叙勲、であった。そして、早くも二〇〇〇年一一月一三日（布施辰治生誕一二〇年記念日）、ソウルの国会議員会館で「布施先生記念国際学術大会」を開催する。報告は以下の通り。李文昌（国民文化研究所会長）「朴烈金子文子大逆事件と布施辰治弁護士」、李圭洙（順天郷大学講師）「弁護士布施辰治の朝鮮認識」、鄭畯泳（布施先生記念事業会会長）「布施先生と私」、大石進（日本評論社社長、布施辰治の孫）「青磁の器」、森正（名古屋市立大学教授）「弁護士布施辰治による朝鮮民族の人権擁護と敗戦後の評価」。

私が特に注目したのは李文昌報告である。李は朴烈・金子文子大逆事件での二人にたいする対応にふれながら、布施に「トルストイアン・アナキズム」をみている。「アナキズム」――、それは布施の思想を語るさいの一つの重要な視点である。例えば「国家」を素材にトルストイと布施を比較すると、トルストイは国家を否定し、布施は国家を否定しない……という点で両者は思想を異にするが、布施のそれは表立った場面での国家観であり、心の奥底においては国家を否定していたのではないか……、とも考えられる。李の問題意識にそくしていえば、布施の内なる国家観とトルストイの国家観の関連が気になったが、それは今後の研究課題としたい。各報告については、日本側作成の『布施先生記念国際学術大会の記録[56]』（二〇〇一年、非売品）を参照していただきたい。

これからの韓国側に期待したいのは、植民地朝鮮での布施の全事績と朝鮮人認識を明らかにすることである。特に感銘を受けたのは、韓国の報告者たちが布施に畏敬の念を抱いていたことである。悔やまれるのは、演題から私が最も楽しみにしていた李圭洙報告が時間制約のために骨子報告で終わったことである。

日本側の前掲報告集には、金英娥「布施辰治との出会い」が掲載されている。金は、同学術大会で大石と私の報告の通訳を担当した若い世代の韓国人であり、名古屋市立大学への留学を機に日本に住んでいるが、布施を知ったことで日本人にたいする複雑な感情が氷解したと語っている。同報告集には布施にかんする韓国各紙の代表的な報道も収録されており、韓国マスメディアの反応を知ることができる。

マスメディア報道で感心させられたのが、韓国文化放送（MBS）の「発掘・日本人シンドラー布施辰治」である。私も調査・取材・資料提供、出演などで全面協力したが、三・一独立運動記念日の前日に全国放映されている（二〇〇〇年二月二九日）。朝鮮と日本での朝鮮人を守る布施の活動をとりあげており、韓国での日本人の扱われ方で布施は別格扱いだったとは、たまたま母国で番組をみたという前記の金英娥の感想である。同番組は日本各地での上映運動へと繋がり、韓国発信の映像によって布施の事績が日本で再評価されるという、甚だ興味深い現象が生じた。

韓国の顕彰運動で強調されたのが「布施辰治＝シンドラー」だった。実際には、布施をシンドラーを超える存在と捉えていたのだが、運動を広げるための巧みなキャッチフレーズだった。日本でもこれが刺激になったようで、本田不二雄「すべての正しく弱き者のために 布施辰治」[57]（二〇〇一年）、河北新報の三回連載記事「いま日韓をつなぐ 弁護士布施辰治」[58]（同年）、松田十刻「布施辰治を巡る旅『ある弁護士』に対する日韓の動と静」[59]（〇二年）が登場する。本田と松田は作家である。本田の文章は若者向けの月刊誌に掲載され、森正を取材したうえで、布施のダイナミックな活動を巧みな構成で語っており、若者たちにアピールするものがあったように思う。松田の文章は「東北学」を意識した専門誌に掲載され、布施にたいする日本と韓国の「温度差」に疑問を抱き、韓国の顕彰運動の鄭畯泳、国民文化研究所会長の李文昌、日本の研究者・森正、布施の日記解読者・櫻井清助らを取材し、石巻市における顕彰運動の停滞ぶり、石巻市当局の冷めた姿勢に疑問を呈していた。

二〇〇二年、日韓共催のサッカー・W杯大会があった。同年、舘野皙編著『韓国・朝鮮と向き合った36人の日本人』（明石書店）が出版される。西郷隆盛・福沢諭吉・伊藤博文・内村鑑三・吉野作造らと並んで布施辰治がとりあげられ、森正が執筆している（「布施辰治　苦しむ人びととともに走った生涯」）。ほかの日本人三五人と比べて布施の事績と人間性を吟味できるという意味でなかなか有益な企画だった。

一九九九年、布施の母校の広報誌が「明大人の遺産」という欄で、山崎今朝弥に続いて布施を紹介している[60]。私の知る限り、この二人は明治大学においてその事績にふさわしい扱いを受けていないように思っていたので記しておきたい。

二〇〇三年九月、宮城県仙台市で弁護士布施辰治没後五〇年記念集会が開催される。仙台弁護士会有志が主催したもので、講演は以下の通り。森正「弁護士布施辰治の生涯に学ぶ」、竹澤哲夫「東北入会権訴訟と弁護士布施辰治」、大石進「遺族が語る弁護士布施辰治の実像」。このときの講演録は、『弁護士布施辰治没後50年記念集会の記録』（非売品）としてまとめられている。

各講演には布施の本質にふれる部分が散見され、実りあるものであった。竹澤哲夫弁護士は、自他ともに認める「布施辰治の最後の弟子」である。三人の講演の結論部分だけを抜粋しておこう。「アジアにおける日本人のあり方を想定したとき、布施辰治は一つの典型を示した」（森）。「（布施が火行部落の農民に出した手紙は）弁護士のあり方、訴訟の主体は一人一人の当事者だ、一人一人の得心・納得ということ、部落の平和、その核心をはずしてはならないということだと思います」（竹澤）。「家族から見た布施は、いささか自信過剰で自己顕示欲の強い、しかし、愛すべき存在でした」（大石）。

二〇〇四年は、布施をめぐって新しくて大きな動きがあった。布施「語り継ぎ」は新たなステージへと向かう。同年二月、台湾台北市で台湾農民運動発生八〇年を記念する集いがあった。布施の渡台から数えて七七年目のことだが、布施の孫・大石進が招かれている。そのさい台湾農民運動の指導者・簡吉を讃える『漫漫牛車路 簡吉與台湾農民組合運動』が出版され、その中で講演会の写真やビラ、新聞記事など、台湾での布施の活躍ぶりが紹介されている。布施顕彰運動の発生を予感させるものであった。

そして一〇月一二日、韓国政府は布施辰治への「建国勲章愛族章」授与を決定する。実は、数年前から日本へ毎年のように授与決定の情報が伝わり、そのたびにそれが幻と化し、私も取材対象にされて振り回されたという経緯がある。日本のある新聞は決定を報道し、翌日、記事を取り消したことがある。韓国内の事情としては、当時の盧武鉉政権が世論の動向を見定めかねていたということだろう。というわけで、正式決定時には私にも取材があった。前年の九月、韓国KBS＝韓国放送（日本のNHKに相当）が叙勲推進の番組を放映したことが、政府決定を最終的に後押ししたように思う。

韓国メディアは布施辰治の写真入りで叙勲を報じ、日本のメディアもそれなりの報道をした。在日コリアンの団体の新聞や雑誌も積極的に報じている。一つだけあげると、月刊誌『ＫＯＲＥＡ ＴＯＤＡＹ』（二〇〇四年一一月号）が特集を組み、タイトル「生涯貫かれた民衆の視線 義烈弁護士 布施辰治」のもと、朴烈・金子文子大逆事件・東洋拓殖会社との闘い・神戸朝鮮人学校事件・深川事件を素材に布施と朝鮮（人）の関係を丁寧にたどり、かつ大石進からも取材し、その祖父論を紹介している。そして、叙勲を韓国政府の英断と評価し、それは韓国から発せられた未来志向の熱烈なメッセージだと捉えつつ、「私たちに課せられたのは、布施の業績をしっかりと位置づけ、これからに生かしていくことだろう」と締めくくっている。同じことは日本人側についてもいいえ、否、それ以上に布施の事績を学ぶことで、在日コリアン、韓国市民、さらには東アジアの人々との友情と連帯の絆を強めていく必要を感じる。

叙勲のあと、布施の親族はもとより、私もあちこちから取材された。若者の視聴率が高いといわれているテレビ朝日系列の情報バラエティー番組「スマステーション4」が、かなりの時間を割いてとりあげ（私も出演）、ゲストの俳優・江守徹が布施の事績を賞讃するなどの反応があり、結果、布施の「社会化」現象の促進に寄与したと思われる。

ところで、「叙勲」という国家の行為について日本人は概して冷淡である。正直、私もその一人である。しかし、日本人が植民地支配時代の事績で被害国政府から顕彰されるのは、まったく別次元の出来事と理解すべきだろう。同年一一月、私は朝日新聞「私の視点」欄に「朝鮮版シンドラー 叙勲は日韓友好の契機」を寄稿した（二〇〇四年一一月二〇日付）。事柄の重さに鑑み全文を紹介したい。

先月、朝日新聞ほか各紙が、故・布施辰治弁護士（一八八〇〜一九五三年）に韓国政府が建国勲章を授与したことを報じた。韓国のマスコミも、「日本人初の受章」と写真入りで報じている。

朝鮮半島の独立運動の関係者の弁護に奔走し、独立に寄与したと讃えたものだが、画期的なことである。いまや日本人の大半が布施の事績を知らないが、知っている人にも驚きだったのではないか。韓国で「朝鮮版シンドラー」と呼ばれ、時には朝鮮人から神様扱いされた人物とはいえ、日本（人）によって政治・経済から伝統文化まで全面否定されるという、民族の悲劇を体験した国家が日本人を顕彰したのだから。盧武鉉政権は重大な政治的決断をしたといえよう。

戦前から戦後にかけて、農民、労働者、被差別部落民、政治的少数者らにとって、布施は最も頼りになる弁護士であり、社会運動家であった。日本の植民地支配に苦しむ朝鮮や台湾の民衆にとっても同様だった。朝鮮人は、そんな布施を「我らの弁護士ポシ・ジンチ（布施辰治）」と心の底から慕った。

一方で盧政権は独立六〇周年を来年に控え、植民地時代の「親日派」を糾弾する動きを強め、当時の対日協力の実態を究明するための特別法も制定した。与党ウリ党の辛基南議長が八月、父親が旧日本軍憲兵だったことを隠していたとして辞任に追い込まれるなど、荒療治も行われている。

国内では植民地支配への協力を糾弾し、日本に対しては独立運動を支援したと布施叙勲に踏み切る――。硬軟を使い分ける盧大統領の政策に関心を抱くのは私だけではあるまい。

ただ、今回の叙勲を韓国の政局がらみだけでとらえるのは的確ではない。もともと、韓国の市民団体「布施先生記念事業会」（鄭畯泳代表）が構想し、金大中政権下で実現をめざしてきた経緯がある。

同会は一九九九年、布施顕彰の署名運動を始めた。二〇〇〇年にはソウルの国会議員会館で布施先生記念国際学術大会を開き、布施の孫、大石進氏と私が招かれて講演した。ＭＢＣテレビや東亜日報などマスコミも顕彰報道を展開し、昨年は、国営ＫＢＳテレビが叙勲支持の立場で番組を放映した。これまでは、韓国外交通商省が消極的だったと聞いているが、叙勲には韓国世論への配慮もあったのだろう。同会が叙勲にこだわったのはなぜか。布施から受けた大恩には、民間人だけでなく政府も感謝の意を表すべきで、それが朝鮮民族の礼儀であるということではないか。今後の韓日友好のためにも必要だとも考えたのではないだろうか。私はこれを韓国からの友好のメッセージだと受け止めている。

翻って、日本では突然の「韓流、ヨン様」ブームで、中年女性を中心に韓国への関心を強めている。つい最近までの私はこの現象を冷ややかに見ていたが、日韓（「在日」を含む）の友好にプラスとなるのではないか、ぜひそうあってほしい、と見方を改めつつある。このブームと布施の受章を機に、日本人は日本と朝鮮半島の過去に目を向けることを求められていると思う。

朝鮮民族に寄せた布施の精神の軌跡は、少青年期の「同情」から壮年期の「友情・連帯」へと深化した。すべての民族を同等とみなし、日本と日本人をアジアの一員と位置づけていた。その思想は、私たち日本人が学ぶべき原点だといえよう。併せて、布施の事績を通し、朝鮮民族が味わった塗炭の苦しみを知るべきであろう。

韓国大使館での授賞式には、大勢の在日コリアンが駆けつけていた。感想を聞くチャンスはなかったが、それぞれの笑顔が布施を心から祝福していた。残念に思ったのは、日本側の取材が貧弱だったことである。メディアは日韓のこのような動きにこそ関心を寄せ、国民に広く伝えるべきなのではないだろうか。

受章から三カ月、二〇〇五年一月、明治大学で受章記念シンポジウムが開催される（明治大学主催）。「弁護士布施辰治誕生七〇年記念人権擁護宣言大会」から五五年ぶりの、母校での集いだった。韓国大使館、韓国の布施先生記念事業会、親族代表の挨拶、シンポジウム、並行しての「布施辰治展」と大がかりな企画で、多数の学生が出席していたことが印象深い。韓国から報告者を招いたのも意義あることだった。報告は、村上一博（明治大学教授）「明治法律学校と布施辰治」、山泉進（同教授）「社会派弁護士の誕生」、李文昌（国民文化研究所会長）「朝鮮民族との連帯」、森正（名古屋市立大学名誉教授）「布施辰治の人権思想」。質疑のさいには、会場から在日コリアンの発言もあった。このシンポジウムについては、明治大学が『韓国「建国勲章」受章記念シンポジウム「布施辰治・自由と人権」』（二〇〇五年、非売品）としてまとめている。

村上と山泉は、社会派弁護士（布施辰治・山崎今朝弥・平出修・吉田三市郎ら）を輩出した明治法律学校、及び当時の時代的・社会的背景に注目している。村上の報告をあげておこう。布施辰治が学んだ「この時期にしか、明治法律学校に、布施を生み出す基盤はなかった。偶然といえば偶然だったのかもしれませんが、人智が及ばない天啓を感じます」。また、韓国大使館の李光衛（主席教育官）の挨拶から、次の一節を紹介したい。「まさに先生は、自由と人権を自ら実践した日本の良心であり、帝国主義の暗闇の中でも和解と協力という北東アジアの未来を照らした灯台であります」。なお、このシンポジウムについても、日本のメディアは関心を寄せなかったように思う。

同年二月、石巻文化センターは「布施辰治関係資料収蔵品目録Ⅱ」（第二次寄贈分）を発行、私は最初の目録に続いて解説を担当した。そして三月、同センターは常設展示コーナー「布施辰治の業績と布施辰治関係資料」を設置する。同時に、受章記念講演会を開催している（石巻市・顕彰会共催）。講演者は、李文昌（国民文化研究所名誉会長）「韓国における弁護士布施辰治の事績—その所以—」、早坂啓造（岩手大学名誉教授）「布施辰治と岩手の入会訴訟」。講演テーマからいって、私は両報告に関心があったが、参加できなかったので内容は紹介できない。早坂（経済学）は岩手県下の民衆史研究を進める中で、東北地方の入会権問題の資料収集・整理に傾注、関連して布施と農民のふれあいを語り継いでおり、一年後の論文「岩手の入会訴訟の歴史の側から—辰治との出会い—」[61]は、同講演の成果だったのだろうか。布施の精神の原点にある農民魂を問う意味でも、早坂と「岩手入会・コモンズの会」の活動は注目される。また、早坂と問題意識を共有していると思われる山中正信「岩手県林野入会訴訟関係弁護士の構成とその論点—小繋事件文庫蒐集資料から—」は、戦前の岩手県下入会訴訟資料の分析を通して入会権の現代的意義を示唆する論文であり、布施が果たした重要な役割についても指摘している。[62]

早坂啓造の仕事を応援してきたのが、石巻市出身、盛岡市在住の黒田大介（岩手日報記者）である。後述の布施辰治普及ボランティア活動の中心人物であり、私も協力したが、その黒田は「布施辰治　韓国建国勲章受章に寄せて」（二〇〇五年）を書いている。[63]

布施辰治受章の影響は、日本・中国・韓国の研究者や教師らによる共同研究の成果『未来をひらく歴史—東アジア3国の近現代史—』（高文研、二〇〇五年）にもみられ、布施が「人権を守る闘いに献身した弁護士」の見出しでコラムに登場、受章についても紹介されている。同書は韓国と中国でも出版されているので、布施の事績がさらに広く知られただろう。また、布施の出身県である宮城県の女川第四中学校では、阿部一彦教諭が社会科の授業で意欲的に布施をとりあげており、若い世代への「語り継ぎ」の試みとして大いに注目したい。アマチュアの「劇団仙台」が「疾駆る人—弁護士布施辰治」を上演（二〇〇七年）したこともあげておく。さらに、明治大学には「明治大学人権派弁護士研究会」が発足（〇六年五月）、山崎今朝弥や平出修らとともに布施研究が始まっている。

このころ、あれこれ布施辰治関係の企画が連なったために、私の間に合わせ的な「布施論」も格段に増えている。講演や報告が活字化されたもの、及び雑多な文章から一〇点だけあげておく。[64] ①「韓国で光をあてられた『日本人シンドラー』」（二〇〇〇年）、②「布施辰治弁護士・日本人シンドラー」（同年）、③「布施辰治もう一人の日本人シンドラー」（〇一年）、④「布施先生記念国際学術大会（韓国ソウル）に出席して」（同年）、⑤「弁護士布施辰治による朝鮮民族の人権擁護と敗戦後の評価」（同年）、⑥「韓国における布施辰治顕彰の動き」（同年）、⑦「弁護士布施辰治の生涯に学ぶ」（〇三年）、⑧「朝鮮版シンドラー　叙勲は日韓友好の契機」（〇四年）、⑨「布施辰治の人権思想」（〇五年）、⑩「韓国政府による布施辰治弁護士への『建国勲章』授与を考える」（同年）。

以上一〇点中の大半が、布施と朝鮮人の交流を意識している。三つの講演録だけ簡単にコメントしておきたい。⑤では、朝鮮人の人権を守る活動を六つの時期区分にそくして概観したうえで、その事績評価は東アジア近現代史の中で行なうべき、と説いている。⑦では、布施をめぐる日本と韓国の動向にふれ、弁護士と市民は布施からなにを学ぶべきか、などについて説いている。⑨では、布施の弁護活動と社会活動から読みとれる人権意識について論じ、その人権思想を構成する五つの要素から人道主義理念をエッセンスとして捉えることができる、と説いている。

布施辰治関係の各種企画とそれらに関連する「語り」を概観してきたが、このあたりでそのような流れと直接には関連のない「語り」についてふれておきたい。

最初に私のものをあげると、①「布施辰治 苦しむ人びととともに走った生涯」(二〇〇二年)、②「語り継がれてきた布施辰治(戦前)」(〇五年)、③「明治憲法下での『人権』獲得の努力―田中正造と布施辰治」(〇六年)、である。[65] 第二期と比べると、布施の啓蒙・普及活動に追われ、研究のペースが極端に落ちていることが分かる。

①は短いものであるが、朝鮮支配・朝鮮人抑圧と闘う布施を概観し、布施が朝鮮独立運動を支持していたことを指摘、布施と朝鮮人の間に育まれた友情と連帯心にふれている。なお、私のこの論文を収録した前掲『韓国・朝鮮と向き合った36人の日本人』が、続編『36人の日本人、韓国・朝鮮へのまなざし』と合冊で韓国語に翻訳され、二〇〇六年に韓国で発行されたことを付記しておく。書名は『あのとき、あの日本人たち』(日本訳)である。②では、三つの時期区分のもとで布施にかんするさまざまな「語り」を概観、それらを繋げると戦前の布施の像が朧ろげながらみえてくる、と説いた。しかし、「弁護士・社会運動家としての布施の本質に肉迫するような『語り』はみられない」とも指摘しておいた。③は教養教育向けの憲法教科書にコラムとして書いたものだが、田中正造と布施の共通点を意識している点に特徴がある。

目立たないテーマであるが、中村正也「布施辰治法律事務所の所在地について」[66](二〇〇二年)は、一九〇五〜三二年までの布施事務所の移転を追っている。「事務所、住まいが布施の弁護・社会活動の拠点であり、布施の思想、活動を反映している」との視点にもとづいており、全体としてかなり説得的である。

管見では二〇数年ぶりの布施辰治論だと思うが、水野直樹「〔史料紹介〕座談会『在日朝鮮人問題に就て』（一九四八年）」（二〇〇五年）、同「朝鮮独立運動を援助した弁護士・布施辰治『国民』からの『在日』排除を批判」[67]（同年）がある。水野は、日本敗戦後の朝鮮人の参政権問題で布施は血統主義的な国籍概念を否定する鋭い主張を展開している、と紹介している。問題提起的な論文である。関連して、辛昌錫「布施辰治先生の思い出」[68]（〇六年）をあげておきたい。一九五〇年朝鮮戦争勃発のころ反戦運動で逮捕され、布施の弁護のおかげで本国への強制送還を免れた辛は、布施の人間としてのスケールの大きさを語っている。さらに、日本人の朝鮮観をまとめた琴秉洞は、布施の献身的な朝鮮人救済活動を紹介し、次のように締めくくっている。「かつて私は少なからぬ先輩たちに布施辰治の話を聞いたが、一致した評価は、『布施弁護士ほど朝鮮人が頼りにした人物はいなかった』であった。なぜか今、義の人布施辰治を憶う心、しきりである」[69]（同年）。

布施の農民魂にふれる作業が、本多明美「渋谷定輔と布施辰治」[70]（二〇〇六年）である。農民運動家にして農民詩人の渋谷定輔と布施の心暖まる交流を、書簡分析を中心に丹念に検討しており、今後の布施研究の方向づけに一石を投じている。

石垣就子「植民地支配下の朝鮮人の人権を守った布施辰治」（二〇〇四年）は、アジアにおける日本（人）のあり方を意識しながら、布施の事績に学ぼうとしている。[71]石垣は、辰治のふる里である石巻の中学校で歴史教育に従事している。新たな掘り起こしをしているわけではないが、その問題意識については評価したい。佐々木麻衣「植民地下における日本の統治と交流―布施辰治の朝鮮人弁護活動を通じて―」は、岩手県立大学盛岡短期大学部二〇〇五年度卒業論文である。締めくくりの文章を紹介しておきたい。「今後、日本でも布施辰治弁護士の理解が進み、彼を通して日韓がより親しくなる事を願う」。看過してならないのは、布施関係資料の宝庫である石巻文化センターの学芸員・成田暢による翻刻・紹介「布施辰治『奥の入会紀行』」（二〇〇六年）である。「布施語り継ぎ」にとって重要な作業である。[72]

布施辰治の長男・布施柑治による評伝のあとも、布施鉄治・大石乃文子・大石進・伊藤優雅璃・太田隆策ら親族が、及び敗戦直後に布施の秘書役を申し出たことのある高橋欣一郎が、布施に関心を寄せる人々やメディア関係からの取材要請に協力を惜しまなかったのは、「布施語り継ぎ」にとって意義深いことだった。とりわけ、出版界に身をおいている大石進（布施の孫）は、布施について体系的に最もよく知る親族であり、事実上の親族代表として取材に対応してきたが、二一世紀を迎えるころからは講演や文筆でも積極的に語っている。その背景には、現代日本の政治・社会・思想・人権状況への怒りがあるように思えるし、出版界と弁護士界の現状への憂いがあるように思える。冷静にして時に辛口の布施論からは、あるいは、弁護士の中で布施だけが先進的だったわけではない……などの発言からは、布施の伝説化と神格化を厳に戒める意図が強く伝わってくる。この期に活字化されたものでは、①「青磁の器」（二〇〇〇年）、②「いくつかの想い出」（〇二年）、③「遺族が語る弁護士布施辰治の実像」（〇三年）、④「来賓挨拶」（〇五年）などがある。[73]親族が語る生身の布施といえば、長らく布施柑治の評伝中の情報が中心であり、それがそのまま「定説」とみなされてきたが、大石は布施をさらに厳しい史眼によって伝えることで、「布施辰治語り継ぎ」の質と幅をいっそう広げたといえる。

また、太田隆策・青山りき子『二人の自分史』(二〇〇〇年、非売品)は、太田による「布施辰治顕彰会と私の関係」を収録している。二人は兄妹であり、布施の甥・姪にあたる。前述したように、太田は布施の顕彰碑を私的に建立し、布施と布施家にかんする貴重な覚え書きも残している。

布施にかんする「語り」の道標や材料を提供している作業もあげておきたい。前掲の中村正也・今井昌雄「明治大学図書館所蔵 弁護士布施辰治旧蔵資料」(一九九八年)、石巻文化センター『布施辰治関係資料収蔵品目録Ⅱ』(森正解説、二〇〇五年)である。後者は一九九八年に寄贈された資料の目録である。櫻井清助代表「布施辰治資料研究準備会」(〇〇年)も活動を開始している。すなわち、同準備会(櫻井死去後は黒田大介が代表)は、石巻文化センター所蔵の資料から発掘した稀覯資料を、『布施辰治誕生七十年記念人権擁護宣言大会関連資料集』(〇一年)、『布施辰治 植民地関係資料集 vol.1 朝鮮編』(〇二年)、『布施辰治 植民地関係資料集 vol.2 朝鮮・台湾編』(〇六年)という形で編集・出版(非売品)している。[74] 私はその志に共鳴して「解説」を担当した。また、伊藤優雅璃・大石進・中村正也・辛昌錫・本多明美・早坂啓造らの布施関係文章を掲載しており、布施「語り継ぎ」に広く貢献していることを記しておく。

なお、布施辰治の妻・光子についての篠宮芙美の論文(二〇〇〇年)もあげておきたい。[75] 篠宮は布施家の人たちからの聞きとりをふまえて光子の実像に迫っており、それによって布施夫妻の関係なども伝えており、布施を語る作業にとっても貴重なレポートである。

以上、第三期、二〇世紀末から二一世紀初頭にかけての「語り」をみてきた。この期に韓国の顕彰運動が果たした役割は大きい。なにしろ、かつて植民地だった韓国でも日本人・布施辰治が語られるようになり、民間次元での日韓「語り継ぎ」の交流が始まったわけであるから。植民地朝鮮、及び敗戦後の占領期における諸活動など、これまであまり話題にされなかった布施の事績も語られたこと、映像・演劇による「語り」が増えたこと、櫻井清助・黒田大介による布施関係資料の復刻作業などがこの期の特徴である。

布施没後の「語り継ぎ」を俯瞰する作業は当該期で終える予定だった。以下は締めくくりの文章のつもりだった。地味なテーマであること、ライフワーク（布施評伝の完成）の遅れなどを考慮すると、活字化には踏み切れなかった。テーマの重要性に鑑み、五～六年経過した時点で作業を再開し、最終的には射程を二〇一七年まで延ばした（当然ながら、第一～三期までの文章は加筆・修正した）。

［当該期で終了する予定で書いた締めくくりの文章］

見落とした重要な「語り」も少なからずあるはずだが、百有余年間の布施にかんする「語り」を俯瞰してきた。このテーマへのこだわりを理解していただければ幸いである。とはいえ、こだわりを口にするのならインターネット上の「語り」にも目配りすべきだった、といわれそうである。東京の友人たちのホームページ「布施辰治の図書室」へのアクセス件数も増えているようだ。ネットでの事実上の「語り」は、さらに広がっていくだろう。現代社会を象徴するこの情報手段について、その効用は否定しないが、私は意識的に避けてきた。真偽入り交じる情報空間の闇に迷い込むのを恐れるからである。

「布施辰治語り継ぎ」の内容にかかわって、今後の課題を一つだけあげておきたい。それは、人権擁護のために布施とともに苦闘した群像（弁護士に限らない）にも目を向けることである。布施は孤立無援の中で闘っていたわけではない。その意味で、例えば大森民子編『万事 頼んだぞ—弁護士大森詮夫の生涯と思い出』（同時代社、一九八三年）、岡村親宜『無名戦士の墓 評伝・弁護士大森詮夫の生涯とその仲間たち』（学習の友社、九七年）は有益である。弁護士である岡村の尽力でその事績の全貌が明らかにされた大森詮夫は、一九三〇年から三二年末まで布施事務所に所属し、苦境にあった布施を同僚とともに支えた人物である。両著とも私の研究に有益だったことを記しておきたい。

人々はなぜ布施辰治を語ってきたのか。私自身には時代状況と結びついた研究上のいくつかの動機があった。同時に、一九七〇年代末から今日までの不変の動機がある。「アジアの中の日本（人）」という問題意識にもとづいた「布施辰治と植民地・被抑圧異民族問題」、すなわち「東アジアでの布施辰治」を知りたい、語りたい、という運動論的な動機である。その間に朝鮮民族の魂を大切にする芸人・マルセ太郎を、さらには辛淑玉の存在を知ったことで、それは揺るぎないものになっている。

ある時期から強く思っていることだが、布施辰治を語り、布施を東アジアに発信する拠点が必要である。それは布施の出身地・東北地方であるべきだろう。その意味で、厖大な布施関係資料に恵まれている石巻の市民たちに期待すること大である。

四　新たな地平での「布施語り継ぎ」へ（二〇〇五〜一七年）

当該期は、「韓国併合一〇〇年」、「布施生誕一三〇年」を含む時期である。特徴は、布施辰治をめぐる動きがさらに広がり、多様な「語り」が展開されたことである。日本と韓国の交流が深まり、台湾でも具体的な動きが始まった時期でもある。これらをふまえて、見出しを「新たな地平での……」とした。

当該期の後半については、私の怠慢によって「語り」のフォローが杜撰になっていることをお詫びしたい。なお、二〇一五年半ばごろまでの動きについては、後述する明治大学での大石進のシンポジウム報告「布施辰治評価の現状」が参考になる。

前進座創立75周年記念公演（2007年3月20日〜25日）のポスター。

まずは、演劇による「語り継ぎ」をみたい。布施辰治は劇団前進座の要請に応えて、一九三五年ごろから同座の近代化に尽力し、戦中の同座の維持・存続に寄与、戦後も同座の発展のためになにかと力を貸した。二〇〇七年三月、前進座は布施の労に報いるべく、創立七五周年記念「生くべくんば　死すべくんば　弁護士・布施辰治」を上演、東京武蔵野市にある前進座劇場には、布施との「再会」を楽しみにする人たち、布施との「初めての出会い」に胸躍らせる人たち……が、連日訪れた。[76] そんなときめきの空間作りに参加できたのは、実に楽しいことであった。芝居は、布施と朝鮮・韓国人の友情と連帯を描くことを課題の一つにしていた。その意味で私は、全国公演へと発展してほしい、中国公演を果たした「天平の甍―鑑真東渡」のように、韓国公演にまで繋がっていってほしい、などと夢想していた。

上演の少し前、日本民主法律家協会『法と民主主義』編集部が、座談会「前進座七五周年記念公演『生くべくんば 死すべくんば』をめぐって―弁護士布施辰治の生涯―」を企画、布施が座談会形式で語られるという時があった（出席者＝大石進・庄司捷彦・高見澤昭治・十島英明・森正・山口誓志）。内容については、同誌四一六号（二〇〇七年二・三月号）を参照していただきたい。

民俗学・「東北学」から布施を論じているのが、赤坂憲雄「正しくして弱き者のために 布施辰治」である。「東北学」構築の旗手である赤坂は、二〇〇七年に布施の「奥の入会紀行」（一九三五年）の現地を訪ね、布施の紀行を追体験している。そして、『奥の入会紀行』は牧歌的な民俗採訪のノートではありえず、まさしく経世済民のための闘いの記録であった」と指摘し、東北（人）への布施の深い思いを洞察している。[77] その翌年、前述したが、布施関係の講演で出かけた仙台市の会場で私は赤坂と「対論」の機会をえたことを記しておく。

七尾和晃『闇市の帝王―王長徳と封印された「戦後」―』（草思社、二〇〇七年）の中で、布施がとりあげられている。第五章に「弁護士・布施辰治との絆」という項があり、敗戦後のドサクサを無軌道に生きる中国人青年が惚れ込んだ布施が描かれている。内容は前掲の小生夢坊の布施評伝にほとんど依拠したものであり、目新しいものはない。

在日コリアンと日本人の連帯による新たな企画に注目したい。

二〇〇七年、東京の高麗博物館（NPO法人）が「布施辰治―朝鮮人民衆と共に生きた人権弁護士展」を開催、私も見学した。関連して別の日に企画された講演会（大石進「布施辰治の生涯と朝鮮」、高史明「布施辰治と在日朝鮮人の私」）が、多くの聴衆を集めたという。「市民がつくる日本・コリア交流の歴史館」をめざしている高麗博物館にふさわしい企画だったといえるだろう。また、関東大震災時の朝鮮人虐殺を告発する九・一集会実行委員会が、講演（大石進「（一九二三年）九月一日と布施辰治」）と上映会（韓国文化放送「日本人シンドラー布施辰治」）を企画、ここにも多くの市民が参加して「九・一」の意味について考えている。さらに、前進座による韓国文化放送の前掲映像（二〇〇〇年）の日本語吹き替えは、布施啓蒙運動との関係で意義ある作業であった（金英娥＝採録・翻訳、大石進＝監修、羅基台＝協力）。

高史明ほか『布施辰治と朝鮮』高麗博物館、2008年。

二〇〇七年冬、大石進は在日朝鮮人人権協会のインタビューに応じて、布施の朝鮮（人）観について長時間語っている。活字化されたものを読んだ私は、祖父と一体化しつつある大石を発見した[78]。

そして二〇〇八年、前述の高麗博物館企画講演会の講演記録に二論文を加えた『布施辰治と朝鮮』（高麗博物館）が出版される。日本人と韓国・朝鮮人の共同作業という点で深い意味がある（その後、韓国語版も出版）。以下は私の書評である（しんぶん赤旗、二〇〇八年六月一日付）。

少し前、私は布施辰治にかんする紹介・批評・評伝などをたどる作業をした。フォローした期間は約百年、布施「語り継ぎ」の軌跡を確認できた。本書は「語り継ぎ」を未来につなげる内容を有している。大石進「布施辰治の生涯と朝鮮」、高史明「布施辰治と在日朝鮮人の私」、李熒娘「布施辰治と在日朝鮮人―解放後を中心に」、李圭洙「布施辰治の韓国認識」を収録、前二者の論稿は東京の高麗博物館主催の講演会での記録である。

弁護士・社会運動家だった布施辰治（一八八〇〜一九五三年）は、特に近年、国内外で幅広く論じられ、市民たちによる顕彰だけでなく、韓国政府による建国勲章授与という動きもあった。重要な役割を果たしているのが在日朝鮮・韓国人、および韓国市民である。布施が朝鮮半島を支配抑圧した日本国の一員だったことを考えたとき、まさに稀有な現象であり、この点だけに留意して本書を読んでみても、布施辰治という人間の偉さと凄さが分かるはずである。

大石進は朝鮮人から神様扱いされた祖父の心のひだに分け入りつつ、差別・抑圧された異民族と一体化して闘った骨太の足跡を、切れ味鋭く語っている。高史明は著書『闇を喰む』を自分史と日本史のなかに織り込みつつ、いまなお「人生の根っこ」に布施が存在し、その大きな懐に抱かれていることを吐露している。日本と韓国の大学に所属している李熒娘と李圭洙は、これまで解明不十分だった領域に研究者らしい手法で鋤を入れており、布施研究の今後に貴重な一石を投じている。

没後五十五年、布施の脳裏に刻みこまれていただろうテーマにそっていえば、東アジア諸国民の友好と連帯の構築という課題が浮上してくる。重要にして困難なこの課題に関連して、本書は随所で有益な示唆を与えてくれている。

同じ年、明治大学史資料センターの活動が目につく。同センター監修『布施辰治著作集』（全一六巻・別巻一、ゆまに書房）が完成、布施の著書・主宰雑誌などを編纂している（中村正也・村上一博・山泉進が解題）。ただし、新聞や雑誌に掲載された厖大な論文などは収録されておらず、今後の事業に期待したい。別巻には、中村正也編「年譜」・「著作目録」、森正「目録解説」（一九七九年）、及び『韓国「建国勲章」受章記念シンポジウム「布施辰治・自由と人権」』（二〇〇五年）が収録されている。

この著作集は、弁護士＝社会運動家だった布施辰治の研究と啓蒙・普及に多大な寄与しているだろう。

明治大学史資料センター監修、山泉進・村上一博編『布施辰治研究』日本経済評論社、2010年。

一つだけ難点をあげると、セット販売となっていて非常に高価だという点である。一部の大学図書館や公共図書館には購入されているので、ぜひ閲覧・利用していただきたい。

さらに同センターは、同年、「明治大学人権派弁護士研究Ⅰ」として『布施辰治研究』（大学史紀要 第一二号）を発行する。山泉進「明大人権派弁護士の系譜」、村上一博「布施辰治における芸娼妓契約無効論と公娼自廃の戦術」、山泉進「絶対的死刑廃止論と布施辰治の〈思想原則〉」、阿部裕樹「郷里・蛇田村の経済的・社会的状況と布施辰治」、中村正也「翻刻 布施辰治『辰治在京費控帳』」、同「布施辰治 年譜」を収録している。山泉論文は的確な理解が必要な布施の死刑廃止論に取り組んでいるが、内容紹介は省略する。なお、同書は大学内での刊行物であったが、大半の論文にタイトル変更、加筆修正を施し、長沼秀明「人権派弁護士たち在学当時の明治法律学校」を加えて、明治大学史資料センター監修、山泉進・村上一博編『布施辰治研究』（日本経済評論社、二〇一〇年）として市販されている。山崎今朝弥・布施辰治・平出修・吉田三市郎・若林三郎・古屋貞雄ら反体制的な骨太の弁護士群像について、彼らの母校である明治大学が大学史の中に正当に位置づけ、それぞれの事績について発信しているのは、さまざまな意味で意義あることであり、今後の進展が待たれるところである。

「詩」の形式による布施辰治顕彰、庄司捷彦『詩による弁護士布施辰治との対話』（二〇〇八年、私家版）もあげておきたい。弁護士で「みちのく赤鬼人」と称する庄司は、石巻地方における布施顕彰運動のリーダーである。二〇〇八年一月、有志による韓国への「弁護士布施辰治の足跡を訪ねる旅」に同行したさいのレポートである。添付されている写真も貴重である。庄司には新聞連載「民衆とともに 弁護士布施辰治」もある。[79] 締めくくりの文章を紹介しておこう。「『先達に学ぶ』ことは憲法擁護運動にとっても大切です。そこにこそ『人類の多年にわたる自由獲得の努力』（憲法九七条）がしっかりと刻まれているからです」。

二〇一〇年、日韓市民の協力によって布施辰治の生涯の映像化が完成したことは画期的な出来事だった。ドキュメンタリー映画『弁護士 布施辰治』である。布施の映像化は韓国の「布施先生記念事業会」の年来の目標であり、それとは別に在日コリアンの間でも時に話題に上っており、私も相談されたことがあったが、未だ日の目をみていない。そのような中、小林多喜二や田中正造の映像化で著名な池田博穂の脚本・監督によってついに日の目をみたわけである（撮影は野間健）。映画は韓国併合一〇〇年を負の歳月と強く意識し、布施と朝鮮人の友情・連帯を重要テーマとしており、私も脚本作りに協力し、証言者としても出演した。主演は赤塚真人、友情出演・中村雅俊、特別出演・浜名美貴、パク・スファン、チョン・ヒョウージン、ナレーターは湯浅真由美であり、阿部一彦・阿部三郎・李圭洙・上田誠吉・大石進・大石乃文子・大塚一男・姜尚中・姜徳相・金英・庄司捷彦・辛昌錫・竹澤哲夫・鄭畯泳・角田義一・韓勝憲・森正・山泉進が、布施についてこもごも語っている。なお、上田と大石乃文子は撮影前に亡くなっており、映像はそれ以前のものを借用している。

特に注目したいのは、同映画は布施の事績に共鳴した国籍・国境を越えた有名・無名の人たちによる市民運動の成果である、という点である。日本人と在日韓国・朝鮮人三〇人による「製作委員会」（筆頭代表・阿部三郎＝元日弁連会長）、及び「成功をめざす石巻・東北応援団」が核となって準備を進め、浄財を募り、ロケーション協力などを呼びかけ、多くの日本人・在日コリアン・韓国市民がそれに応えた。とりわけ、韓国ロケでは韓国俳優と市民たちの熱い協力があり、感動的なシーンを創り上げている。また、大韓弁護士協会が多額のカンパを寄せている。同映画はまさに日韓共同作品であり、韓国語版も完成して韓国各地で自主上映されている。なお、日弁連は同映画を推薦映画に指定した。

同映画を普及する運動の一環として、ドキュメンタリー映画「弁護士 布施辰治」製作委員会編『弁護

士 布施辰治を語る——韓国併合100年に際して』（日本評論社、二〇一〇年）が発行されたことも意義深い。目次だけを紹介すると、一で阿部三郎が「布施辰治を語る今日的意義」を、二「布施辰治を語る」においては、以下の人たちがさまざまな角度から発言している。納谷廣美（明治大学学長）「布施先生に学ぶ」、梁東準（ヌッポンフォーラム理事長）「在日韓国人と布施辰治」、松井繁明（前自由法曹団団長）「弁護士 布施辰治」、亀山紘（石巻市長）「布施辰治と石巻」、鈴木亜英（日本国民救援会会長）「人権と布施辰治」、森正（名古屋市立大学名誉教授）「憲法と布施辰治」、庄司捷彦（弁護士）「顕彰運動のこれまでと、これからと」、伊藤真（伊藤塾塾長）「これからの法律家と布施辰治」、本多明美（元渋谷定輔文庫資料整理員）「渋谷定輔と布施辰治」、大石進（布施辰治の孫）「戦争・自死・死刑——布施の死刑論への接近」。そして、三で略年譜「布施辰治という人とその業績」、四で池田博穂「映画『弁護士 布施辰治』の監督にあたって」、「映画の内容（あらすじ）・キャストなど」、「自主上映会開催のお願い」となっている。寄稿中、大石の文章がとりわけ興味深い。前掲『布施辰治研究』中の山泉論文と併せて読むことをお薦めする。

布施辰治生誕130年記念ドキュメンタリー映画のポスター。

　映画完成の前後には、大石進を初め多くの人たちがさまざまに発信している。ここでは、『世界』（二〇一〇年九月号）への大石の寄稿「韓国併合百年 いま甦る弁護士・布施辰治」を紹介したい。大石は布施と朝鮮人の友情と連帯を概観している。

ドキュメンタリー映画『弁護士 布施辰治』は五月末に完成した。日韓のロケ地での市民の協力、日本弁護士連合会、大韓弁護士協会や石巻市・女川町の力添えなど、感動のうちに撮影は進行した。布施はこのたびも、日韓両国の市民を結びつけた。……日韓両国で、ひとりでも多くの方々に鑑賞していただければよろこびである。

映画は、明治大学での試写会を皮切りに全国自主上映へと移り、東日本大震災という大困難を乗り越え、概して好評のうちに今なお各地で散発的に上映されているようである。この種の映画は実行委員会の立ち上げに始まり、会場の決定からPR活動・入場券売りなど、地道な運動が不可欠である。そして、多くの会場では布施を語るミニ講演会などが行なわれている。私がミニ講演の講師を務めた岐阜市での上映会では、『韓国併合』一〇〇年写真展」も開かれた。上映を機に多くの人たちが韓国併合の本質について考えたのは、自主製作映画ゆえの効能といえる。また、上映とは別に、私は在日コリアンの諸団体（「南」「北」を問わず）から併合一〇〇年関係の講演を依頼されたが、もちろん、〃映画繫がり〃による依頼であった。

映画はラストシーンで宮城県下の女川第四中学校での布施を教材とした教育実践を紹介することで、若い世代への布施「語り継ぎ」の実際を伝えている。阿部一彦教諭による教育実践である。阿部教諭の教育実践については岩手日報も報じている（二〇〇八年五月一日付）。

社会科教育の教材に布施をとりあげる動きは東京でもみられる。都立戸山高校教諭・岩根謙一は、朝鮮独立運動を支援し、朝鮮人の人権擁護に尽力した布施の事績に注目し、日韓の友好と連帯の歴史を教えている。[80] また、日韓の研究者による共著『日韓で考える歴史教育―教科書比較とともに―』(明石書店、二〇一〇年)において、布施が唯一個別の項を設定され、朝鮮人の独立運動と人権擁護に努めた事績、及び韓国における布施顕彰運動などが紹介されている。これは、二〇〇六年の『未来をひらく歴史―東アジア3国の近現代史―』(高文研)での問題意識を共有した作業である。次代を担う若い世代への「布施辰治語り継ぎ」――、これはまさに喫緊の課題であり、その点でこれらの動きは注目される。

若い世代の反応はどうか。同映画の「製作委員会・上映ニュース」七号(二〇一一年八月)によると、人権学習の一環として埼玉県の立教新座高校で同映画が上映されている。三年生の感想文から一点だけ紹介しよう。「侵略戦争は日本の維新である、が、当時の風潮であった。朝鮮人への差別、ぎゃく殺が繰り返され、負の時代が訪れた。誰もが目を背けたくなるような中、差別の根絶を目指し立ち上がったのは、並大抵の力でできることではないと思った。彼(布施辰治のこと――引用者)のような〝行動力〟は称賛に値する。今の日本に必要なのは、彼のような行動力を持った人間であるのかもしれない」。また、北九州市小倉での上映会では二〇代の女性が、「在日朝鮮人三世として、今回のドキュメンタリー映画を観ました。私たちの歴史にこんなにも深くかかわり、また力を尽くしてくださった布施さんのことを今日まで知らずに来ました。布施さんが歩んできた道を、生き方を、しっかりつなぎ、忘れずにいようと思います。ありがとうございました」と記している。

「行動力」への称賛、「しっかりつなぎ、忘れずにいよう……」との決意、これらの前向きの感想は同映画の意義を示している。私の耳に入った感想を紹介すると、「ちょっと難しかった」というのが少なからずあったが、映画の〝狙い所〟はしっかり伝わっていたように思う。付言すると、私は日本福祉大学の前原清隆教授の要請で布施を中心とする特別講義（年一回）を五〜六年ほど行なったことがある。受講後のアンケートに散見されるのは、スケールの大きな日本人が実在していたことへの驚きと称賛であった。

映画「弁護士 布施辰治」と並んで二〇一〇年のハイライトは、大石進による布施評伝である。大石が布施について本格的に語り始めて一〇有余年、祖父への積年の深い思いを綴った『弁護士 布施辰治』（西田書店、二〇一〇年）が出版された。布施辰治という人物の奥深さを鋭利に、かつ優しく語っている。帯に記された「魂の弁護士 布施辰治曼荼羅」は見事なフレーズである。今後の「語り継ぎ」の方向を先導していくだろうが、一筋縄ではいかない評伝でもある。すなわち、著者の極度に研ぎ澄まされた感性は安易な読み方を厳しく拒絶するだろう。著者の意図を深く読みとることが肝要である。

大石進『弁護士　布施辰治』
西田書店、2010年。

大石進は一九三五（昭和一〇）年に生まれている。布施辰治の長女・大石乃文子の息子である。日本評論社に入社、『法律時報』編集長をへて社長・会長を歴任、退職後は言論界で骨太の発言を続けるとともに、獄死した三鷹事件死刑囚・竹内景助の再審運動を先導している。竹内の主任弁護人は布施辰治であった。最新の著書は『私記 白鳥事件』（日本評論社、二〇一四年）。『弁護士 布施辰治』は多くの新聞や雑誌で書評され、著者によると「十指に倍する評を頂戴した」とのことである。私が読んだのは、黒岩比佐子（ノンフィクション作家）と向武男（弁護士）による書評である。著者の意図を十全に理解したという自信はないが、厳しい字数制限のもとで、私も以下のような書評を新聞に寄せる機会をもった（しんぶん赤旗、二〇一〇年五月二三日付）。

表紙の顔写真が語りかけてくる。厳しくもやさしい風貌、「自己革命の告白」（一九二〇年）のころのものか。

日本近現代史に特異な足跡を印した布施辰治（一八八〇〜一九五三年）が、ここ一〇年ほど日本と韓国で語られ顕彰され、ドキュメンタリー映画が完成したばかりである。

人々の関心が布施の顕彰から人物論へと向かうなか、布施の孫・大石進が本書を執筆した。秀逸な作品である。序には、「私は、祖父を、愛をもって語ることが出来るようになった」とある。近年、差別抑圧されていた人たちへの祖父の奥深い心遣いを知って、こだわりなく語れるようになったという意味である。第七章を読んでいただきたい。比較していえば、長男・布施柑治による『ある弁護士の生涯』は、屈折した愛で紡がれた父親論であった。

とはいえ、主人公と著者が並外れた反骨・在野精神の持ち主なので、内容はとてつもなく重い。とりわけ、植民地朝鮮と台湾の人たちの人権を守る活動を扱った第五、六章は、小市民的なヒューマニズムの無力さを読者に思い知らせるだろう。二・八独立宣言事件、朴烈・金子文子大逆事件、朝鮮共産党事件、台湾二林蔗糖組合騒擾事件などでの弁護、朝鮮宮三面土地問題の調査、関東大震災時の朝鮮人大虐殺事件の調査・抗議などでの献身的な活動は、朝鮮・台湾人との一体化、友情と連帯の証しである。

被告一〇人中唯一の非共産党員・竹内景助への死刑判決で終わった三鷹事件の弁護を扱った第九章は、竹内の無罪を信じて彼に寄り添い、閉ざされていた心を開かせた経緯をたどることで、人道の弁護士布施辰治の真骨頂を明らかにしている。「弁護士道」のなんたるかを示唆しているという意味で、現代の弁護士に襟を正させる迫力がある。


戦後に登場する布施にかんする評伝は、すでにみたように、小生夢坊・本多定喜の共著と布施柑治、森長英三郎によるものがあり、いずれも布施の死後に書かれている。それらに共通する傾向は、戦前における布施の諸活動への強い関心である。布施の生涯を概観したとき、主たる関心が戦前・明治憲法下の事績に向かうのは不自然ではない。しかし、戦後の日本国憲法下でも重要な足跡を印している。大石はその足跡についても明らかにしており、それ以前の評伝の弱点を補っている。

関連して付記したいことが二点ある。一つは、前述したように竹内景助の再審請求が提起されたことである。二〇一一年末のことで、大石進・高見澤昭治弁護士らによるこの運動は、竹内の無念を晴らすとともに、最高裁判決を前に死去した布施辰治の竹内への思いを受け継いだものである。この先かなりの時間が見込まれるが、無罪判決を勝ちとるまで注視していきたい。あと一つは、布施柑治『ある弁護士の生涯』（一九六三年）が一一年、韓国で翻訳出版されたことである。加えて大石の前掲書が翻訳されたら……と考えるのは、私だけではないだろう。大石はＮＨＫラジオ深夜便「こころの時代」にも出演（二〇〇九年二月一、二日）、朝鮮留学生の「二・八独立宣言」の場所を訪ねる野外取材もこなしながら、祖父と朝鮮人の濃密な交流について率直に語っている。

ＮＨＫ（ラジオ・テレビ）が布施辰治を独自にとりあげたのは、一九九〇年に私が出演したテレビ番組（「没後」第二期参照）が最初なのではないか。そして二一世紀の初め、私のところにＮＨＫ関係者から「いずれ布施辰治をとりあげたいのでその節はよろしく」との電話があり、「いよいよとりあげるらしい」との別ルート情報も届いていたが、いずれも立ち消えになっていた。そのような中での大石の前掲ラジオ出演だったので、「二〇一〇年」にはなんらかの形でテレビがとりあげるのではないか、と予測していた。しかし、予測は外れてしまった。歴史上の人物大好きのＮＨＫテレビではあるが、布施の事績を調べていくと「筋金入りの危険人物!?」……ということで、躊躇しているのかもしれない。いま改めて思うことであるが、布施辰治は「官」には扱い難く「民」が語るにふさわしい、そんな人物なのである。

韓国併合から一〇〇年目の二〇一〇年は、布施「語り継ぎ」で実に重要な年となった。後藤守彦『只、意志あらば―植民地朝鮮と連帯した日本人―』（日本経済評論社、二〇一〇年）もまた、この節目の年を強く意識している。後藤は、三宅鹿之助（京城帝国大学教授）と布施辰治、金子文子を個別にとりあげ、朝鮮（人）との連帯を説いている。「あとがき」の一節を紹介しておきたい。「三宅はある時期にある行動を誠実に決断し、布施は生涯を不屈に闘い抜いた。そして、文子は烈しい意志で権力と対峙したが、その人生はあまりにも短かった」。

研究者で注目したいのは、吉川圭太の一連の論稿（二〇〇七〜一四年）である。①「第一次大戦後における弁護士布施辰治の思想と行動」、②「一九二〇年代の借家人運動における法的実践―借家人同盟を中心に―」、③「資料紹介『東北帝国大学新聞』掲載の布施辰治執筆記事について」④「一九二〇年代の社会運動と在野法曹―自由法曹団を中心に―」[81]、である。②は①の具体的検討として借家人同盟の活動を論じたものであり、一九二〇年代の大衆運動における「生活権」闘争の意義と限界を明らかにしている。④は東北帝大新聞へのファシズム論など三つの寄稿をとりあげ、その内容と執筆背景を概観している。ファシズム期における布施を知るうえで有益な作業である。吉川は今後の布施辰治研究を牽引していくだろう。

また、川口祥子も地道で重要な研究を続けている。①「布施辰治と朝鮮共産党事件」、②「姜徳相氏に聞く―布施辰治宅訪問のことを中心に―」、③「巣鴨事件―戦後の布施辰治と朝鮮人《その2》」、④「『巣鴨事件』の在日朝鮮人群像―事件への関わりとそれぞれの生[82]」である。布施と朝鮮人の関係をいっそう明らかにしている点で注目したい。

二〇一一年三月一一日、東北地方を中心に大地震と大津波が襲い、未曾有の人的物的被害をもたらした。加えて東京電力福島第一原発が爆発、大量の放射能を撒き散らし、収束の見通し不透明の状態が続いている。これは明らかに、企業・官僚・政治家・「原子力村の研究者」らが引き起こした人災である。そして、地震と津波によって最大の人的犠牲者を出した自治体が宮城県石巻市だった。布施関係資料を所蔵していた石巻文化センターも大きく被災、同資料目録Ⅱの編集を担当した学芸員・新田亜希子さんが行方不明となったことは痛恨の極みである。また、前掲映画に出演した漁師の方も亡くなり、ロケで使われた岡田劇場（かつて布施も演説）と旧相川中学校が流出……などの悲しい出来事があった。映画製作委員会は女川町の小中学校への学用品等の支援運動、及び石巻・女川での演劇ボランティア活動を行なうなど、動いている。なお、布施関係資料は本体が二階に所蔵されていたために大部分が流出を免れた。

以下は、岩手日報への私の寄稿である(二〇一一年八月一〇日付)。

大震災から五カ月になろうとしている。布施が現代によみがえったと仮定すると、いったい何を語りかけるだろうか。東北人の「根気強さと大胆さ」を信じ、復興の道筋について「大いなる自然と人間の共生」を熱っぽく語るのではないだろうか。

布施と岩手や東北とのつながりは深い。岩手との関係でいえば、布施は大正時代から北上山地に分け入って多くの入会訴訟を手掛けており、その結果、きわめて貴重な入会資料がまとまった形で残されており、「岩手入会・コモンズの会」が以前から調査中である。

注目したいのは、布施は入会問題を当時の住民の生存にかかわる問題と捉えるとともに、東北の将来の発展とのかかわりで捉えていたことである。その意味で、紀行文「奥の入会紀行」は貴重である。

布施が残した入会資料は、苦難の道を歩んだ東北農民の一つの過去を語り、現代を語り、未来をも語ろうとしている。布施はまた、昭和の三陸大津波(一九三三年)のとき、東京で救援の声を上げ、岩手・宮城県を訪れて当局に手抜かりのない救援を強く要請している。布施は少年期に明治の三陸大津波を、上京し弁護士として活躍した東京では関東大震災を経験しており、救援・復興のあり方でいろいろ危惧することがあったのである。

戦前、布施は日本全国はおろか朝鮮・台湾にまで足を運んだ「国際人」だったが、精神的原点はいつもふる里の東北にあった。布施は東北人の特徴を「根気強さと大胆さ」と捉え、そこにアイデンティティーと誇りを見いだしていたが、その特徴を発揮して三陸大津波からの復興に立ち上がってほしい、と岩手県下の新聞で呼び掛けている。

布施の事績は、二〇世紀末から韓国・台湾でも注目され、近年、日本では演劇・映画化され、著作集が発行され、研究が進められ、中学校社会科の教材になったりしている。布施が残した「布施関係資料」は石巻文化センターに所蔵されており、同センターを訪れる人たちも年々増えていたところだった。

三月一一日、同センターが津波で大きく被災した。しかし、膨大な資料は大半が二階に所蔵されていて無事らしい、というのが私の耳に届いている最新の情報である。

「布施関係資料」には、入会資料をはじめとして、日本近現代史の未解明分野の資料が多数含まれている。早期の被害調査、被災資料があれば早期の修復、そして閲覧再開を待ち望んでいる。同資料の目録解説者として、その際にはお役に立ちたいと考えている。

大災害から五カ月、宮城県大崎市の吉野作造記念館が企画展「吉野作造と震災・復興―関東大震災と人々の生きる希望―」を開催した（八月一三～一一月一三日）。吉野と同県人である布施辰治と鈴木文治、及び岩手県出身の後藤新平（関東大震災当時の東京市長）をとりあげ、東京で復興の先頭に立った東北人の献身的な活動を顕彰する企画であった。私は見学できなかったが、今回の大災害から立ち上がりつつある東北の人たちを勇気づけただろうと推察する。

相変わらず低い生産力ではあるが、二〇〇九年から一一年までの私の「語り」をあげておこう。「布施辰治『自己革命の告白』（一九二〇年）と二人の朝鮮人青年―一九三二年陪審法廷での闘い―」である。[83]「自己革命の告白」の発表は、一九二〇（大正九）年以降の日本近代史をどう生きていくべきかについて、一人の知識人・弁護士が社会に向けて発した「誓い」であり、マニフェストであり、布施の精神史における最も象徴的な行動であったが、本格的な検討はこれまで皆無だったので検討の鋤を入れてみた。若干の問題提起はできた……などと思っている。後者であるが、特高刑事殺害で起訴された二人の朝鮮人青年を死刑から救うために、布施が陪審裁判の特徴を最大限に生かす法廷弁護を試みた、いわば一世一代のパフォーマンスを紹介し、論じたものである。裁判員制度実施下の現代の弁護士のあり方に照らして一読してほしい。エッセイ風のものでは、後者の普及版である「陪審法廷における布施辰治の弁護―朝鮮人青年を死刑から救う―」と「関東大震災時の布施辰治」がある。[84]

続いて、二〇一二年の動きをみておこう。

一つは、小林勇樹「布施辰治の戦後構想―憲法案を中心にして―」[85]である。布施の憲法案についてはこれまで検討不十分であったが、戦後構想、特に天皇制問題を意識しつつ検討している点で注目すべきであり、さらなる検討の深化を期待したい。

二つ目は、「岩手入会・コモンズの会」の編集によるＤＶＤ版『小繋事件裁判資料集』（不二出版社）である。布施が先駆的に手がけた入会訴訟の意義が学べるはずである。近年、コモンズ論は国内外で注目を集めており、早坂啓造（岩手大学名誉教授）ら関係者の実に地道な作業に敬意を表したい。

三月一日、韓国国営放送＝ＫＢＳ（テレビ）が、独立運動記念日の特集番組を放映、布施辰治の事績を大きくとりあげた。日本での取材は一月から開始され、私も二月一日に取材されたが、二〇〇三年のときより専門的でかつ細部に及ぶ質問が次々とあり、即答に窮したことが何回かあった。しかも、布施の事績を未来志向でどう捉えるべきかと鋭く迫られ、私は東アジア共同体結成への夢とのかかわりで自説を述べた。独立運動の意義を自国民に伝えるさいの不可欠な日本人は布施辰治である、とＫＢＳは位置づけているのである。翻ってＮＨＫはどうなのか。ＮＨＫは戦前日本のアジアでの行動について史実にそくした確固たる歴史認識をもたないかぎり、今後とも布施を正面からとりあげることはないだろう。

あと一つ、韓国で動きがあった。以下は、大石進の報告である。「一〇月九日に韓国は慶尚北道聞慶に朴烈義士記念館が開館されたことです。敷地面積一四五〇〇平方米、建築面積一六〇〇平方米を誇るこの記念館の開設には、日本の多くの方の協力があり、私もお手伝いいたしました。布施辰治の部屋が設けられており、『布施辰治著作集』も飾られています」（「布施辰治評価の現状」、明治大学史資料センター紀要『特集 阿久悠・布施辰治』二一号、二〇一六年）。

布施の部屋が設置されたことに、私は特別の感慨を覚える。布施が朴烈・金子文子大逆事件の弁護人だった事実を超えて、何かを感じるのである。

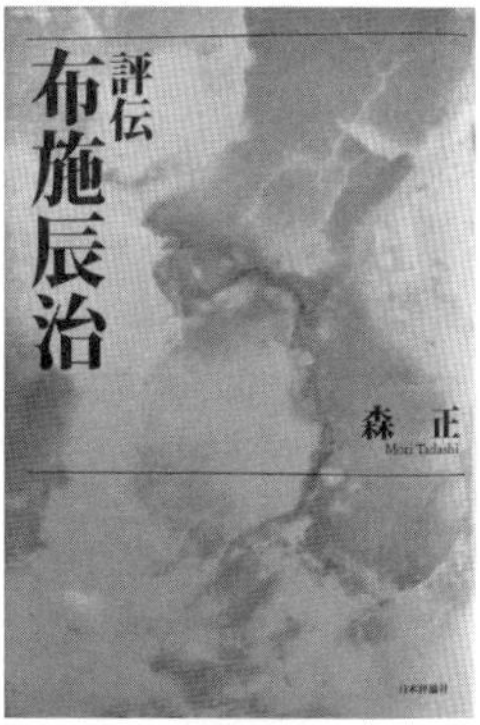

森正『評伝　布施辰治』
日本評論社、2014年。

二〇一四年、一つの論文と一冊の著書が登場し、布施研究をさらに進展させる。村上一博・秋谷紀男「大正期の小作争議と弁護士の役割—台湾二林事件と布施辰治を中心に—」[86]、森正『評伝 布施辰治』である。明治大学史資料センターの布施研究を支えてきた村上一博と秋谷紀男が、韓国・台湾で資料調査した成果が同論文である。台湾二林蔗糖農民組合騒擾事件の社会的経済的背景の分析をふまえて、裁判における弁護士＝麻生久・布施辰治の活動を明らかにしている。布施の巡回講演についても言及していることを付記しておく。

二〇一四年一一月一三日（布施辰治誕生から一三四年）、私＝森正がようやく『評伝 布施辰治』を世に出した。「まえがき」には、難渋の日々を記した。「布施辰治関係の資料は膨大である。それらを前に、『ああでもない、こうでもない』と試行錯誤しているうちに原稿が遅れに遅れ、文字通りライフワークになってしまった。『大学人』現役のころには布施研究に専念できなかった事情も多々あったが、遅延の主要な原因は総体としての私の学問的力量が貧弱だったことにある。日本近代史についての不勉強、布施についての見立ての甘さも原因している。あれこれ調べていくうちに『怪物』というべき手強い相手だということが分かってきたのに、潔く撤退する勇気がなく、焦る気持ちとは裏腹に歳月は容赦なく流れてしまった、というのが正直なところである」。

全一一二九頁、菊版・二段組み。余りの分厚さに呆れた友人・知人は少なからず……というわけで、内容にかかわる感想はほとんど聞こえてこなかったが、年を越えて、講演や研究会報告の依頼、寄稿依頼、書評登場などの反響があり、布施の母校・明治大学はシンポジウムと研究会、記念講演を企画した。

まずは、中日新聞に寄せた「人道の弁護士・社会運動家　布施辰治の評伝　書き終えて」（二〇一五年二月一三日付）を再現させていただく。

反骨の弁護士で、独特の実証主義史家でもあった森長英三郎の言「波瀾に富んだ布施については、社会科学者による本格的な伝記が出てもよいだろう」を知り、「私のことだ」と思いこんで伝記執筆を公言したのは、三十有余年前のことである。日本近代史に疎い人間の不遜な錯誤・錯覚発言だったが、退くに退けず、特に二〇〇三年の早期退職後はハードな日々だった。そして昨秋やっと、『評伝　布施辰治』（日本評論社）を世に問うことができた。……

執筆中、以下の三点に留意した。

第一は、布施を神格化せず、史実にそくした評伝を意識したことであり、アジア太平洋戦争中の「動向」に紙幅を大きく割いたのはその一例である。とはいえ、布施を神格化する人たちがいるのも事実である。「布施先生記念国際学術大会」（韓国国会議員会館、二〇〇〇年）の会議場で「布施先生は神様でした」と私を抱擁した元在日の韓国人にとって、布施は確かに神様だったのであり、このような評価に敬意を払いながらの執筆ではあった。

第二は、歴史の真実に迫るために歴史当事者からの聞きとり等を重視する、すなわち、現代を見据えつつ「歴史の追体験」を意識することである。実はこの作業は四十年前から始めており、布施ら戦闘的弁護士群像を描いた『治安維持法裁判と弁護士』（一九八五年）への地下水脈となり、戦後憲法裁判の当事者を描いた『聞き書き憲法裁判』（八九年）の原動力となった。付記すると、政府与党による憲法破壊（特定秘密保護法制定や集団的自衛権行使容認）が厳しい批判に晒されているが、彼らに追体験を説いたところで「馬の耳に念仏」だろう。いまこそ私たち市民が、歴史の証言を大切にして憲法を検証し、守り育てていかねばならない。

第三は、布施を駅伝のように語り継ぐことである。この営みは韓国・台湾を含めて今日まで続行されており、私もその一走者だと強く意識してきた。ようやく襷を引き継いだいま、積み残した課題に挑戦するために新たな区間を走るつもりである。手始めに拙著に収録できなかった「布施語り継ぎ」に関する原稿の発表を考えている。

拙著は、人道の弁護士＝社会運動家・布施辰治を描く、布施が関係した合法闘争の意義を考える、朝鮮人・台湾人との友情と連帯を明らかにする、あるべき弁護士・法律家・知識人像を描く、「抵抗の法曹」の潮流を明らかにする、日本近現代史の開拓不十分領域に鋤を入れる、などを意図していた。出来栄えについては読者諸氏の厳しい判断に委ねたい。……

そして二〇一五年六月二七日、明治大学が「人権派弁護士研究会シンポジウム」（主催：明治大学史資料センター・明治大学など）を開催した。研究会「布施辰治！ 甦れ。――アジアの人権とコモンズ」、第一部 シンポジウム「アジアの人権とコモンズ」、第二部 記念講演、と盛り沢山なメニューであり、並行して「弁護士・社会運動家 布施辰治展」が開かれた。

報告者とテーマは以下の通り。研究会は、大石進「布施辰治評価の現状」、池田博穂「映画『弁護士・布施辰治』」、中村正也・飯澤文夫「布施辰治資料（石巻文化センター所蔵）の現状」、第一部は、早坂啓造「布施辰治と岩手の入会訴訟」、李圭洙「植民地朝鮮からみた布施辰治」、村上一博「布施辰治の私的所有権理解について」。第二部の記念講演は、森正「人道の弁護士＝社会運動家・布施辰治の生涯」。以上の報告は、明治大学史資料センター紀要『特集 阿久悠・布施辰治』（第二一号、二〇一六年）に収録されている。中村正也「『弁護士・社会運動家 布施辰治展』を終えて」も収録されている。

主催側は、アジア・アフリカ・中南米などでの自然保護運動の根拠とされつつある「コモンズ（共有地）論」に注目し、入会権のために尽力した布施辰治に現代の光を当てよう、と考えたようである。しかし、この趣旨にふさわしい報告者は早坂啓造だけであり、しかも時間制約が生じたことで、早坂は布施の入会権闘争の現代的意義を説く時間を保障されなかった、という問題があった。

とはいえ、個々の報告はいずれも有益であった。ここでは、李圭洙（高麗大学校韓国史研究所教授）の報告の一端を紹介したい。

帝国と植民地の関係の中で布施辰治という日本人がいたという事実は、青少年の歴史認識にも新鮮な衝撃を呼んでいます。教育現場では、日本に対する認識が過去の自国を侵略した、いわゆる「悪の日本人」の姿だけを覚えている場合が多いのですが、日本人の中にも布施辰治のような「善意の日本人」が存在したということは、青少年に新たな歴史的な教訓を提供することでしょう。私は、何より韓国の青少年たちが布施辰治という人物を媒介として不幸な両国の過去をどのように認識し評価するのか、その反響に期待したいです。……

大学でも布施辰治の生涯が教科書の中に紹介されました。韓国放送通信大学では、「人物から見た文化」という教材の中に布施辰治の一生をテーマに「放送大学TV」を通じて一般社会に向けた教育プログラムを制作しました。放送の末尾に「布施辰治は韓国人の独立運動と韓国人の人権のために闘争した日本の弁護士であります。朝鮮のために一生を捧げた布施辰治のような適切な良心が、時代を引っ張っていく灯台ではないかと思います」という言葉で集約されるように、布施辰治は韓国社会でも日本を代表する「社会主義・左翼弁護士」、「人権・民衆弁護士」、「無産階級の猛将」という評価を受けています。

……

以上のように、布施辰治に対する韓国社会の評価は非常に高いです。正義のための固い信念、強者の横暴と不義に抵抗する勇気、正義の行動の先頭に立った犠牲と献身の象徴として看做しています。彼は、韓国人の友人であり、良心的な日本人の象徴として刻印されています。今後、歴史学や法学など関連学界を中心に布施辰治に対する共同研究を進めるなど、持続的な関心と研究が行われることを期待します。

最後の項「布施辰治と東アジア」において李は、植民地問題と正面から向き合った布施の数多の事績を語り、戦争責任や植民地支配についての歪曲された歴史認識に執着する日本社会の危険な傾向を指摘したうえで、次のように締めくくった。

これから布施辰治の研究が、日本と韓国から一層活発に展開されることを期待しながら、日本社会に第二、第三の布施辰治が登場することを希望します。平和と人権、そして民主主義が、何より重視されるべき東アジアを構築するために、布施辰治が残した歴史的な教訓を胸に刻みながら、お互い頑張っていきたいと思います。

李圭洙と会ったのは三回目だったと思うが、この言葉は日本社会の一員たる私の胸に突き刺さってきた。私の記念講演であるが、一 布施辰治とは、二 本題に入る前に、三 布施辰治の生涯、四 布施辰治の生涯からみえてくる人物像、五「布施人道主義」の特色、六 語り継ぐ布施辰治、の順で話した。最後の六では、語り継ぐべき布施の事績についてあれこれ語った。結論だけを示しておきたい。(1)「布施人道主義」の核心たるすべての人間に平等と良心を認め、個人の最大限の尊重を説く人間観、(2)入会問題に取り組んだ姿勢、(3)時代と正面から向き合った姿勢、(4)明治憲法下であるべき弁護士像を示そうとした姿勢、(5)悪法と闘い続けた姿勢、(6)植民地民衆と友情・連帯の絆を紡いだ姿勢。

拙著出版を機に開催された以上の企画の意義について、私は概ねこう理解している。一つは、布施辰治の出生地である石巻市など、東日本を襲った大地震・大津波以降、日本人と韓国人による最初の布施関係の集いだったこと、二つ目は、布施の啓蒙・研究を東アジアに広げていく可能性を感じる集いだったことである。

あれから八年、李圭洙の報告がずっと気になっている。日本社会は僅かでも変わったか?「お互い頑張っていきたい」と呼びかけられた日本人の一人として、自分は何をやってきたのか? など、内心忸怩たるものがある。

前述したように、拙著については多様な反響があった。書評では、黒田大介(岩手日報記者)、新井章(弁護士)、渡辺治(憲法・政治学、一橋大学名誉教授)から丁寧な評をいただいた。山泉進からは、前掲『特集 阿久悠・布施辰治』の冒頭で、拙著完成までの私の生きざまにたいして心優しい感想をいただいた。

渡辺治の書評を紹介したい。[87] 私の布施研究・啓蒙の変遷をふまえた、大局的な視点からの長文の書評(なんと一万余字!!)である。全体を紹介する余裕はない。まずは目次を示そう。1 はじめに/2 森正はなぜ布施辰治にこだわったのか/3 本書が明らかにした布施の新たな像 (1) 弁護士として社会運動家としての「超人的活動」の全体像の復原 (2) 徹底して弱者、少数者のために (3) 植民地支配下の被抑圧民族への連帯 (4) 布施の活動の源泉/4 本書から想起される論点と課題 (1)「抵抗の法曹」の群像と布施辰治 (2) 戦争と知識人。以上の構成から、本格的な書評であることが容易に知れよう。

最後の「4 本書から想起される論点と課題」をとりあげたい。

(1)について渡辺はいう。評者は、戦前・戦後、先進的な弁護士群像が社会運動、民主主義運動でなぜ大きな役割を果たしえたのか、との問いをずっと抱いてきた。森の布施研究の出発点にも同じ問題意識があり、当初から「抵抗の法曹」に関心を寄せていたが、群像中際だって異なる布施の個性、それの源泉に関心を傾斜させていき、その結晶が本書である。しかし、森も再三強調しているが、布施は「孤高のひと」

ではなく、自由法曹団・解放運動犠牲者救援弁護士団の中心で群像を牽引した。森の布施研究をふまえて、「日本の社会運動の中での層としての法曹、弁護士の参加の原因、その群像の果した役割を改めて検討する必要があるように思われる」と。

次に、(2)について渡辺はいう。布施は一九三〇年代前半では転向しなかったが、日中戦争下で戦争賛美の言説を展開した。森はこれを「蹉跌」と捉えつつ布施の苦悩を丹念に検討しているが、そうではなく、布施の「過誤」であったと思う……と。そして、以下のように指摘する。

日中戦争下で布施が関与した運動が壊滅し、また布施自身が運動への関与を禁止され、それでも何らかの役割を果さねば止まずと考えた、布施の陥った陥穽であった。その意味では布施は「民衆」あっての布施であったのではないか。植民地の人々にあれだけ敏感な布施が、敗戦後天皇個人について強い思い入れをもちながら、三〇年代初頭以来の中国侵略戦争で天皇の名において日本軍の行った大量の虐殺について、敏感さを持ちえなかったのは、戦時下での布施、もっと言えば日本の民衆の経験のもった限界ではなかったのか。いずれにせよ、正面から検討すべき課題だと思う。

以上の渡辺の指摘は、いずれも重要である。(1)にかんしては、私の布施研究の経過を説明したい。(2)にかんしては、私への質問が含意されているように思うので回答したい。

(1)であるが、一九八〇年代半ばから布施研究の主目標を評伝に絞っていったことで研究が布施個人に集中していった、という事情があった。本書の「はじめに」に書いたように、生身の人間の生きざまに関心の強い私にとって、布施の人間臭い生涯は魅力絶大だった。「問い」にかかわる問題意識は持続していたが、評伝執筆に没入していく過程で、(研究能力が試されたこともあり)意識が衰弱していった、というのが正直な経過である。

(2)については、「蹉跌」か？「過誤」か？――、ファシズムの時代を生きぬいた人間の行動を評価する難しさと重大さにたじろぎ、苦悩する中で判断した。布施の「戦争協力」については、「不問に付す」雰囲気が継続していたといえるが、私は早い時期から、社会科学としての評伝を志す限り避けては通れない問題だと捉え、私なりの論及を試みたしだいである。もちろん、「蹉跌」か「過誤」かの議論は重要である。議論のさいには、渡辺がいうところの「戦争と知識人」という論点――これは現代にも通じる論点――を外してはいけない。この論点については今後も考え続けていきたい。

二〇一五年の一月だったと思うが、私は旧知の中村正也に同行を要請し、大石進の案内で東京池袋にある布施辰治の墓に詣で、評伝出版の報告をした。背中の荷物が急に軽くなった気がした。

あれやこれや、布施関係だけでも大石進は多忙である。二〇一五年の朝鮮独立運動記念日(三月一日)に、ソウル新聞は大石のインタビュー記事を掲載している。そして四月、大石は大挙してやって来た台湾の高校生の応対をしている。「四月中旬、台湾中部の彰化という街から高校生二〇人が拙宅を訪ねてきました。彰化は一九二三年に始まる二林の蔗糖農民争議のお膝元で、彼等はこの時期の農民争議を郷土史の重要な一環と位置づけて、学習に来たのでした。土産に頂戴した生徒合作の絵画には、台湾高等法院法廷で獅子吼する布施の雄姿が描かれていました。絵画に付されている日付から、一年以上前からこの郷土史の課題に取り組んでいることが確認できました」（前掲『特集 阿久悠・布施辰治』）。台湾では若者層が布施顕彰の担い手となりつつある、と推察できる情報は嬉しいかぎりである。

韓国では、布施辰治の命日である九月一三日には、韓国群山の東国寺で法要があり、同二九日には、東京で光復七一周年・韓日修交五一周年記念韓日国際学術会議（主催：大韓民国独立記念館 韓国独立運動研究所）が開かれ、第三報告で布施と山崎今朝弥の事績が紹介されたという情報もあり、ついつい日本と比べている自分がここにいる。

当該期の後半、二〇一六〜一七年までの二年間については自分以外の情報を入手していない。

二〇一六年五月、名古屋市立大学の市民学びの会で布施辰治を語った。評伝完成を機に企画され、参加者は多くなかったが、布施をじっくり語ることができた。

二〇一七年、私は愛知県弁護士会の弁護士自治連続研究会で報告した（「『弁護士（会）自治』への歩みと弁護士布施辰治」）。締めくくりで、現役弁護士に向かってこう発言した。(88)

布施辰治ら戦前の弁護士の活動から何を学ぶべきか。現代の弁護士には自明の理である弁護士自治には先人の苦闘の前史があり、これなしには内容ある自治は誕生しなかったことを学んでほしい。最後に一言したいのは、三権分立制の司法部門を裁判官の独立とともに構成しているのが弁護士自治だということである。弁護士自治は民主政治に不可欠な制度なのである。

「布施辰治語り継ぎ」を終えるにあたって、お詫びしておきたいことがある。戦前、布施が結成の中心となった自由法曹団は、戦後になって復活を果たし、布施は顧問に就任するが、その死後、布施とほかの先進的な弁護士たちについての「語り継ぎ」は、「自由法曹団通信」などで折りにふれ行なわれている。紙幅の関係から、同「通信」での「語り」を紹介できなかったが、戦後の弁護士では、石川元也・庄司捷彦・上田誠吉・向武男らの「語り」が特に記憶に残っている。私も若いころ、同団総会での記念講演や「通信」への寄稿などで布施を語ってきた。しかし、歳月の経過は歴史の真実をも容赦なく押し流してしまう。残酷な現実である。布施辰治に象徴される自由法曹団の先達たち――彼らはおしなべて在野精神に富んでいた――について、これまで以上に語り継がれていくことを念願するものである。これらの先達たちは、二一世紀においてもなお語られるべき足跡を日本近現代史に刻んできたからである。

同じような意味で、日本国民救援会の「救援新聞」についても紹介できなかった。布施は日本労農救援会の中央委員長、同救援会の後身団体である日本国民救援会の会長を務めるなど、戦後においても各種救援運動に尽力した。少し古い文献であるが、難波英夫『救援運動物語』（日本国民救援会、一九六六年）に散見される布施論を参照していただきたい。

以上、「布施辰治語り継ぎ」百有余年を垣間見てきたが、二〇一七年を一応の区切りとして本稿を終わることとしたい。

二〇二三年の今日も「語り継ぎ」は駅伝のように続いており、いっそう盛んになりそうである。元気な間は、私も一ランナーとして走り続けたい。

布施没後の「語り継ぎ」俯瞰作業を本年（二〇二三年）まで続けていたなら、もっと多様で豊かな「語り」を紹介できただろうが、私の怠慢で二〇一七年で終わってしまった。一八〜二二年については、拙著『ある愚直な人道主義者の生涯―弁護士布施辰治の闘い』中の「布施辰治をめぐる近況」を参照していただきたい。なお、この本にたいしても温かい書評をいただいた。評者は、朝治武・大石進・大塚茂樹・保坂正康である。

布施辰治論そのものではないが、重要な場面で布施が登場する拙論を紹介しておきたい（二〇一八年以降）。「弁護士法第一条の意義―先進的弁護士群像の軌跡を通して」（法律新聞、一八年八月三一日、九月七日付）、「弁護士法第一条の意義―研究者が考える弁護士のあり方」（鈴木秀幸・水林彪編『司法改革の検証―法科大学院の破綻と弁護士過剰の弊害』日本評論社、二三年）。

森正『ある愚直な人道主義者の生涯―弁護士布施辰治の闘い』旬報社、2022年。

最近、大石進から講演草稿「金炳魯と布施辰治」が届いた。ずっと体調がすぐれない中、その精神力には頭が下がる。

私にも、布施のふる里・石巻市の布施辰治を顕彰する会（松浦健太郎会長）から講演要請があった。没後七〇年記念講演会（九月九日）である。当日午前中には、恒例の碑前祭があり、例年通りに駐仙台韓国総領事館からの参列が予定されている。また、石巻市は「第一回布施辰治特集展 布施辰治と関東大震災」を開催する（於、石巻市博物館 前期展示：二〇二三年九月一日〜一〇月三一日、後期展示：一一月一日〜二〇二四年一月八日）。

［追記］

九月八日から二泊三日の日程で、前述の石巻での集いに行ってきた。午前中の碑前祭には地元住民のほか、仙台方面からは貸し切りバスで市民・弁護士らが参列、在日コリアンも各地から参列した。石巻市長、駐仙台韓国総領事館副総領事、自由法曹団仙台支部長、市民団体の代表、そして私が、未来志向でそれぞれの布施辰治を語った。その前に見学した石巻市博物館での布施辰治特集展は、関東大震災時の布施の並外れた「人間力」を伝える資料を展示していた。若い伊藤匠学芸員の創意と情熱が布施関係資料を蘇らせている。後期の展示（一一月一日〜一月八日）にも期待したい。

午後からの記念講演（於、石巻市水産総合振興センター）では、私が布施を語った（「人道の弁護士を語る―布施辰治はなぜ民衆から慕われたのか―」）。締めくくりでは次のような要望をした。「ここ石巻市は厖大な布施関係資料を所蔵しています。これを生かしてほしいと考えています。二〇一九年五月二八日付『石巻かほく』には松浦会長の談、『将来的な資料館、記念館などなどの建設や、子どもたちに布施の人生を学んでもらう教材の拡充などを目指して活動していきたい』が掲載されており、私も安心しています。さらにいえば、近代の宮城県が生んだ同世代の大正デモクラシー運動の中心人物（布施辰治・吉野作造・鈴木文治）の研究・啓蒙に繋げていってほしい、と願っています」と。

帰途（九月一〇日）、大石進の案内で総勢五人が東京池袋にある布施辰治の墓参りをした（中村正也・本多明美・黒田大介・木内洋育・森正）。

（1）布施柑治『ある弁護士の生涯』（岩波書店・新書、一九六三年）。
（2）個人誌『法廷より社会へ』一巻一号（一九二〇年）。
（3）森近運平「兇徒聚衆被告事件公判記」（「光」一九〇六年七月五日付）。
（4）山崎今朝弥「布施辰治氏 被告無罪論主張ノ弁論要旨」（一九三五年）
（5）森長英三郎『日本弁護士列伝』（社会思想社、一九八四年）。
（6）前掲『ある弁護士の生涯』。
（7）布施辰治記念会『布施辰治対話抄集』（一九五四年）。
（8）布施辰治・中西伊之助『審くもの審かれるもの』（自然社、一九二四年）。
（9）岡陽之助『講談日本社会主義運動史号』（解放社、一九二七年）。
（10）布施の発言は、水野直樹「弁護士・布施辰治と朝鮮」（季刊『三千里』三四号、一九八三年）参照。原典は『大東公論』二巻二号（二四年）。
（11）上田誠吉「自由法曹団の創立と戦前のあゆみ」（自由法曹団編『自由法曹団物語 戦前編』（日本評論社、一九七六年）。
（12）秋山清『日本の反逆思想』（現代思想社、一九六八年）。
（13）和田久太郎『獄窓から』（幻燈社、一九七一年［復刻版］）。
（14）『法律新報』七〇号（一九二六年）。

(15) 甲賀三郎「支倉事件」(日本探偵小説全集1『黒岩涙香 小酒井不木 甲賀三郎集』東京創元社、一九八四年)。
(16) 借家人同盟『生活運動』四巻四号(一九二五年)。
(17) 梅田兌次郎「布施辰治氏に捧ぐ」(『解放』七巻六号、一九二八年)。
(18) 野口義明『無産総闘士伝』(社会思想研究所、一九三一年)、神宮凡夫「左翼陣営の親分的存在—布施辰治のプロフィル—」(『人の噂』三三年九月号)。
(19) 『プロレタリア科学』(五年二号、一九三三年)。
(20) 中西伊之助「布施辰治素描」(『人の噂』一九三三年六月号)。
(21) 同紀行文(原本は手書き)は、成田暢による翻刻版(石巻文化センター、二〇〇六年、非売品)に依拠する。
(22) 前掲『日本弁護士列伝』。
(23) 堀田善衛『奇妙な青春』(中央公論社、一九五六年)。
(24) 一一月一二日、布施の母校・明治大学講堂で開催された。会場にいた大石進(布施の孫)によると、三千人はちょっとオーバーな数字だという。
(25) 同集会の記録は復刻されている。石巻文化センター所蔵・布施辰治資料研究準備会『「弁護士布施辰治誕生七〇年記念人権擁護宣言大会」関連資料集』(二〇〇一年)。
(26) 『人民の法律』四号(一九五〇年)。
(27) 阿部眞之助編『現代日本人物論』(河出書房、一九五二年)。
(28) 国民救援会「人権民報」八七～一〇七号(一九五三年九月二三日付～五四年四月一五日付)。一回目の表題は「布施先生略伝 父の生涯」となっているが、二回目以降は「布施辰治略伝 父の生涯」と変更されている。
(29) 小生夢坊「布施辰治」(『文藝春秋』一九五三年一一月号)。
(30) 正木ひろし「一弁護士の墓碑銘—故布施辰治のこと—」(『中央公論』一九五四年三月号)。

(31) 同冊子は二段組で全一七頁。布施の主治医だった編者の馬島僴（医師・社会運動家）は、「布施さんとの対話集を抄録するに当つて」でこう記している。布施の絶望的な病状を考え、「友人後輩達との対談」を企画、「病状のためには必しも此の事が良い計画では無いのは勿論であつたが、それを私が知つているよりもむしろ先生の方で承知しておられ、或時は大声で笑いながら、また或時は、聞きとれぬほどのかすれ声で、話される。聞くものは心の奥で計り知れぬ悲しみをこみ上げながらも勇気を奮い、良心をかき立てて、先生の口からほとばしり出る真実の声に耳を立てた」。なお、布施の主治医は田崎勇三（当時、癌研付属病院副院長）だった。

(32) 『法学セミナー』一九五六年一二月号。同論文は、前掲『日本弁護士列伝』に収録されている。

(33) 森長英三郎「布施辰治の懲戒裁判」（自由法曹団編『人権のために』一〇号、一九六一年）。

(34) 『法学セミナー』一九五九年一一月号。

(35) 同年、小生夢坊が「松川事件と布施辰治さん　九月一三日の七回忌におもう」（『月刊 寸鉄』四九号、一九五九年八月）を書いている。松川事件についての最高裁判決（原判決破棄差戻し）を受け、辰治が生きていたらどれほど喜んだかと悔やみ、かつ「近頃の若い人達はフセ辰治の価値を忘れ、全く無関心である」と嘆き、七回忌のPRをしている。

(36) 青柳盛雄「布施辰治先生に学ぶ」（日本共産党『新しい世界』一九六〇年）。
青柳には自らの足跡について語った『治安維持法下の弁護士活動』（新日本出版社、一九八七年）があり、布施についても回想しているが、その特徴をかなり的確に捉えている。

(37) 森長英三郎「人間・布施辰治」（東京司法書士会『司法の窓』五五号、一九八〇年）。同稿は、前掲『日本弁護士列伝』に収録されている。

(38) 布施柑治は、前掲『布施辰治対話抄集』の元本にあたる膨大な速記録に目を通しているように思う。きわめて貴重な資料のはずだが、行方不明である。

(39) 前掲「人間・布施辰治」。

(39) 憲法研究所編『抵抗権』(憲法研究所出版会、一九六五年)。

(40)『法学セミナー』一九六九年一一月号。

(41) 潮見俊隆編著『日本の弁護士』(日本評論社、一九七二年)。同書は法学セミナー増刊号である。

(42)『法律時報』一九六三年五月号。

(43)『コリア評論』一九六八年一二月号。同論文は、金一勉『日朝関係の視角』(ダイヤモンド社、一九七四年)に収録されている。

(44) 前掲『日朝関係の視角』。

(45) 森正蔵『風雪の碑 人物・日本社会主義運動史』(鱒書房、一九七一年)。

(46)『朝日ジャーナル』六巻七号。

(47)『自由法曹団物語』に関連してあげておきたいのは、上田誠吉『昭和裁判史論—治安維持法と法律家たち—』(大月書店、一九八三年)である。上田の鋭利な分析は現代司法の病巣解明にも示唆を与えている。

(48) 谷村直雄「布施辰治先生のこと」(日本民主法律家協会『法と民主主義』別冊『戦後法律家と私』一九七五年)。

(49) 以下、本文で示した番号順に出典を記す。①名古屋市立女子短期大学『研究紀要』二七、二八集、②日本民主法律家協会『法と民主主義』一三八、一四〇〜一四三号、③前掲『研究紀要』二九集、④名古屋市立女子短期大学『学生論叢』一八号、⑤前掲『研究紀要』三九集、⑥同四〇集、⑦同四四・四五集、⑧石巻日日新聞、七月二九日付、⑨『法律時報』一月号。⑩日本民主法律家協会名古屋支部『名古屋法曹フォーラム』一四・一五号、⑪同一六号。なお、⑧論文では、一九七〇年代半ばから九二年春までの私の辰治研究を跡づけており、それ以降九五年までについては、同論文を収録した森正『私の法曹・知識人論』(六法出版社、一九九七年)中の[補注]部分を参照していただきたい。

以下、本文で示したアルファベット順に出典を記す。A日本評論社。B六法出版社。C天野ほか編マルクス主義法学講座①『マルクス主義法学の成立と発展[日本]』(日本評論社)。D民主主義科学者協会法律部会『法の科学』九号。E前掲『法と民主主義』一八〇号。

本文にはあげなかったが、「思想家としての布施辰治」（旧縁乃会会報、復刊三四号、一九八八年）は、布施に思想家像を発見し、それは人道主義と不可分に結びついていることを指摘した、思い出の拙文である。

(50) 『自叙小伝　武藤運十郎』（家庭法律社、非売品）。

(51) 中村高一先生 遺稿・追悼集刊行世話人会『中村高一先生 遺稿 追悼集』（非売品、一九八二年）。中村高一は一九八一年に死去している。遺稿「わが師・わが友・わが道」では、浅沼稲次郎・大山郁夫・布施辰治・安部磯雄・古田大次郎・山本宣治・杉山元治郎・河上丈太郎をとりあげているが、執筆時期は不明である。

(52) 『法学セミナー』一九八四年四月号。

(53) 『季刊三千里』三四号。

(54) 「ある顕彰碑の除幕に列して」（『週刊金曜日』五号、一九九三年一二月三日付）。

(55) 『図書の譜―明治大学図書館紀要―』二号。

(56) 報告集は大石進が編集し、全九六頁立て。「祝辞」、「報告」、「布施辰治に関する報道記事」、及び「布施先生記念国際学術大会に招かれて」の項には、森正・金英娥・小栗実が寄稿している。李圭洙「布施辰治の韓国認識」（東アジア学術院叢書二〇〇三、〇四年『近代転換期―東アジアの中の韓国』）の日本語訳を入手することができた。日韓共同の作業の必要を迫る論文である。エピローグには、「布施と朝鮮人の関係は日韓連帯闘争の鏡である」とある。

(57) 『ムー』二〇〇一年七月号（学習研究社）。

(58) 河北新報、八月二四～二六日付。

(59) 『別冊東北学』vol.4（作品社）。

(60) 山泉進「布施辰治」（明治大学広報部『明治』三号）。

(61) 石巻文化センター所蔵 布施辰治資料研究準備会編『布施辰治 植民地関係資料集vol.2朝鮮・台湾編』。

(62) 岩手史学会『岩手史学研究』八八号（二〇〇六年）。

(63)東北文化友の会会報『まんだら』二二号。

(64)以下、本文で示した番号順に出典を記す。①戦争メモリアルセンターの建設を呼びかける会『承継』一三号、②中日新聞八月七日付、③河北新報一月九日付、④前掲『承継』一六号、⑤大石進編『布施先生記念国際学術大会の記録』、⑥同、⑦庄司捷彦編『弁護士布施辰治没後50年記念集会の記録』、⑧朝日新聞一一月二〇日付、⑨前掲『韓国「建国勲章」受章記念シンポジウム「布施辰治・自由と人権」』、⑩歴史教育者協議会編『歴史地理教育』五月号。

(65)以下、本文で示した番号順に出典を記す。①舘野晳編著『韓国・朝鮮と向き合った36人の日本人』(明石書店)。②前掲『民主主義法学・刑事法学の展望(下巻)』(日本評論社)。③憲法教育研究会編『それぞれの人権――くらしの中の自由と平等――』(法律文化社)。

(66)石巻文化センター所蔵 布施辰治資料研究準備会編『布施辰治 植民地関係資料集 vol.1 朝鮮編』。

(67)世界人権問題研究センター『研究紀要』一〇号。毎日新聞、八月一九日付。

占領期における辰治の動きにかかわって、布施にかんする個別論文ではないが、小西豊治『憲法「押しつけ」論の幻』(講談社・現代新書、二〇〇六年)を紹介しておきたい。同書で小西は、布施の天皇論が日本国憲法の象徴天皇制の原型となった、と説いている。象徴天皇制の成立についてはさまざま検討されているが、新しい視点であることは間違いない。

(68)前掲『布施辰治 植民地関係資料集 vol.1 朝鮮編』。

(69)「布施辰治」(琴秉洞『日本人の朝鮮観――その光と影――』明石書店)。

(70)前掲『布施辰治 植民地関係資料集 vol.2 朝鮮・台湾編』。

(71)歴史教育者協議会東北ブロック編『東アジアと東北』(歴史史料出版会)。

(72)石巻文化センター『調査研究報告』八号。

(73)以下、本文に示した番号順に出典を記す。①前掲『布施先生記念国際学術大会の記録』、②前掲『布施辰治 植民地関係資料集 Vol.1 朝鮮編』、③前掲『弁護士布施辰治没後50年記念集会の記録』、④前掲『韓国「建国勲章」受章記念シンポジウム「布施辰治・自由と人権」』。
(74) 布施辰治資料研究準備会が発行した資料集の各号には、布施没後の「研究&顕彰小史」欄が設けられており、有益である。
(75) 篠宮芙美「布施光子―自ら選んだ夫に誇りをもって」(女性歴史研究会会誌『女性解放運動のさきがけ』二〇〇〇年)。
(76) 芝居の上演にあたって、前進座が座談会(出席者=大石進・及川昭義・庄司捷彦・十島英明・豊田美智恵・山口誓志)を企画、「月刊前進座」(二〇〇六年一二月一日付)に記録が掲載されている。
(77) 河北新報、二〇〇七年九月二日付。同論文は連載「東北 知の鉱脈 赤坂憲雄が行く」の⑤である。
(78)『人権と生活』二〇〇八年二月。
(79) しんぶん赤旗、二〇〇八年八月二〇日~二八日(二三日を除く)。
(80) 岩根謙一「布施辰治を突き動かしたもの」(『歴史地理教育』二〇一一年七月増刊号)。
(81) ①『歴史』一〇九輯(二〇〇七年)、②『民衆史研究』七八号(〇九年)、③『東北大学史料館紀要』五号(一〇年)、④『部落問題研究』二〇九号(一四年)。
(82) ①『東アジア研究』五九号(二〇一三年)、②同、六三号(一五年)、③『在日朝鮮人研究』四六号(一六年)、④同、四七号(一七年)。
(83) 渡辺洋三先生追悼論集『日本社会と法律学―歴史、現状、展望』(日本評論社、二〇〇九年)、『法学館憲法研究所報』三号(一〇年)。
(84) 愛知憲法通信、二〇一一年九月、『人権と部落問題』一一年一二月号。
(85)『日本歴史』二〇一二年七月号。
(86)『明治大学社会科学研究所紀要』五三巻一号(二〇一四年一〇月)。
(87)『法律時報』二〇一五年九月号。
(86) 愛知県弁護士会会報『SOPHIA』(二〇一七年二月号)。

Ⅳ　石巻市民の布施顕彰運動――櫻井清助の生きざまを中心に

一　はじめに――段ボールの重み

はじめに、布施辰治の顕彰運動における私の立ち位置と、その揺らぎについて、率直に記しておきたい。私は布施の郷里・宮城県石巻市蛇田生まれだが、大学進学を機に岩手県盛岡市へ移り住み、その後、岩手の地方紙「岩手日報」の記者となり、現在に至る。布施への主体的な関わりは一九九〇年代後半からで、それ以前の顕彰運動の経緯は直接的に知らないし、九〇年代後半以降についても「元石巻市民」の側面的な関わりにとどまる。

石巻と盛岡という地理的な隔たりに加え、心情的にも、「顕彰」については、やや遠巻きに見つめてきた。私と布施の出会いを取り持ったのは、石巻市の古本屋「三十五反」店主の故・櫻井清助である。彼は八〇年代に始まった顕彰運動の陰の立て役者だったが、九〇年代後半、運動がまちおこし的側面を強めていったことに反発し、独り、布施資料の解読に精魂を傾けた。そんな姿勢への共感から、私の布施への主体的な関わりは始まった。それゆえ、郷里の顕彰運動に対する私の見方にも、少なからず「櫻井バイアス」

がかかっていることだろう。

私の立ち位置は「研究の裏方」。櫻井と共に、石巻文化センター所蔵の布施資料の活用に向けて、テーマ別に資料集を三冊自費出版したほか、全国の研究者らと布施資料のつなぎ役を担ってきた。布施に関する記事を書いたり、雑誌に小文を寄稿したことはあるが、「研究者」とは到底言えない。私の専門は欧米文学理論であり、日本の法制度や近現代史などの知識は浅い。

ところが、二〇二二年八月、そんな立ち位置が揺らぐ事態が起きた。布施研究の第一人者で旧知の森正・名古屋市立大学名誉教授から、盛岡のわが家に段ボール五箱が届いたのだ。中には、布施関連資料がぎっしり。月末にも五箱、翌月も五箱。これからも届くらしい。ちゃんと勉強して、「顕彰」にも「研究」にも関わるように――。言外の意が、伝わってきた。

本稿は、そんな私が、段ボールの重みに足元をふらつかせながら踏み出した一歩でもある。

二　市民の会結成から顕彰碑建立まで

布施辰治は長らく、郷里において忘れられた存在だった。数少ない動きが一九五六年九月、甥の故・太田隆策による顕彰碑の建立である。太田によると、東京都内に「布施記念会館」建設計画（松本治一郎会長、馬島僩事務長）が持ち上がり、全国に募金が呼びかけられ、石巻からも多くの人が賛同し送金したが、計画は立ち消えてしまった。お詫びの印として、太田が私費で蛇田の浜江場会館前に顕彰碑を建立したという。[1]

市民レベルの本格的な顕彰活動は八〇年代から始まる。古本屋「三十五反」の常連客が、布施の命日である一三日に定例の勉強会を持ったのをきっかけに、八三年、「布施辰治先生を顕彰する市民の会」が発足した。会長は、「赤ちゃん斡旋事件」で知られる産婦人科医の故・菊田昇[2]で、櫻井が事務局。布施の三〇回忌追悼会や、森正を招いての講演会など活発に活動した。

九〇年三月には「布施辰治顕彰会」（会長・菅原康平石巻市長）が設立される。櫻井に言わせれば顕彰会は「形だけの集まり」ではあったが、市民の会と協力し、布施の遺品を市に寄贈するよう遺族に申し入れ、同年、寄贈が実現した。一一月に石巻文化センターで「布施辰治生誕百十年記念講演会」が開かれ、遺族で資料寄贈者の故・布施鉄治と大石進が講演。市図書館で「布施辰治の遺品展」も開かれた。

官民が連携した顕彰機運の高まりは九三年、石巻市蛇田地区（あけぼの南公園内）への顕彰碑建立に結実する。表面には布施のレリーフと処世訓「生きべくんば民衆とともに　死すべくんば民衆のために」、裏面には森正による顕彰文が刻まれた。制作費約七五〇万円は全国各地の二二〇〇人の募金による。除幕式は一一月一三日、約二〇〇人の参加で盛大に執り行われ、石巻文化センターで布施の遺品展も開かれた。

だがその後、顕彰活動は下火になっていく。後年、櫻井は当時を振り返って語った。

「要するに、熱が冷めたのさ」……。

三　櫻井清助と布施辰治資料研究準備会

ここで、布施辰治顕彰運動を裏方として支えた櫻井清助の生きざまを紹介したい。「主宰者は黒子に徹すべし」が信条の彼は、自らの半生を語ろうとはしなかった。ただ、酒席で興に乗ると、虚実ない交ぜの自慢話を始めることもあった。以下の記述は、当時の記憶に基づき、私なりに裏付け取材をしたものである(3)。

櫻井は一九三三年、宮城県桃生郡鳴瀬町(現・東松島市)生まれ。石巻高校卒業後、千葉県の工場などで働き、学生運動の支援にも携わったらしい。六〇年代、日雇い労働者の街・山谷に入り、東京都の「山谷対策中期計画」に抗議して二二日間、都庁でハンストを敢行する。命懸けの闘争は、都に計画の根本的な再検討を確約させ、労働者側勝利に導いたが、自らは極度の疲労で入院。長い療養生活を経て八一年に帰郷し、古本屋「三十五反」を開店した。

櫻井のもう一つの信条は「メシより酒」だったが、ただの飲んだくれではなく、自己認識は冷静だった。「ただ古本屋をやってもしょうがない。どうせ商売が下手だから潰れる。潰れるなら残ることをやろう」。そこで、布施顕彰を思い立ち、常連客と「市民の会」を立ち上げると、一貫して裏方で活動を支えた。山谷労働者支援と布施顕彰に、通底するものがあったかどうかは分からない。彼は、語ることなく死んだ。

私が三十五反に通い始めたのは、高校生時代の八八年頃。櫻井に古本の代金を支払ったら、突っ返されて「酒を買ってこい」と命じられた。その晩、私は大人になった。つまり、初めて酒と煙草の味を知った。以後、三十五反に入り浸り、「酒と煙草とフランス文学」の青春を送る。大学進学で石巻を離れる際、「お前にはどうせ分からないだろうが読んでみろ」と渡されたのが布施柑治『ある弁護士の生涯』（岩波新書、六三年）だった。帰省の折、店に顔を出すと、布施顕彰の現状も酒席の話題に上るようになった。

櫻井によると、顕彰碑建立後、顕彰運動の方向性をめぐり、関係者の多くが「石巻を『人権擁護のメッカ』にし、記念館を建て、修学旅行生を呼び込もう」といったまちおこし的発想を強め、布施資料の解読や整理を主張した彼は孤立していったという。(4)

九六年、酒浸りだった櫻井がついに倒れる。「予言」通りに店は潰れ、彼も生死の境をさまよったが、奇跡的に回復。退院後は、「布施の直筆原稿解読家」として、生活面では自称「日本一の生活保護受給者」として、新たな一歩を踏み出した。

櫻井が挑んだ直筆原稿が、布施の内面を知る一級資料『大正日記』全九分冊（一二～一四年）。書痙に悩まされていた布施の判読困難な文字とにらめっこしながら解読に励んでいた。その真摯な生きざまを目にした私は、「酒と煙草とフランス文学の恩義」から、解読作業を手伝うようになった。

二〇〇〇年、石巻文化センター所蔵資料の活用に向け、二人で「布施辰治資料研究準備会」を立ち上げた。櫻井が代表、私が事務局。膨大な資料をテーマ別に整理し、資料集として刊行し、価値を市民や全国の研究者に広く伝えるのが狙い。布施の多岐にわたる業績と幅広い交友を知ることができる『「弁護士布

多くの市民エキストラが参加した映画「弁護士　布施辰治」のロケ。舞台となった石巻市中瀬の岡田劇場は東日本大震災津波で全壊した。（2009年11月撮影）

施辰治誕生七十年記念人権擁護宣言大会」関連資料集』（〇一年）を皮切りに、『植民地関係資料集 vol.1　朝鮮編』（〇二年）、『植民地関係資料集 vol.2　朝鮮・台湾編（付・中国関係資料）』（〇六年）の計三冊を刊行した。森正にボランティアで解説を担当してもらった。

そんな中、相変わらず「メシより酒」の生活を続けていた櫻井が〇一年末に再入院。病床でも『大正日記』の解読を続けたが、〇二年八月、死去した。全九分冊のうち、解読は六分冊までで終わった。

停滞が続いていた顕彰運動の転機となったのが〇四年、布施が日本人で初めて韓国建国勲章を受章したことだった。東京の韓国大使館で伝達式が開かれ、大石進が代理出席。その際の「叙勲に対する謝辞」の全文は、『植民地関係資料集 vol.2』に収録している。

「日本人シンドラー」として布施が全国的に脚光を浴びたことで、石巻でも顕彰の機運が再燃。〇五年に受章記念の講演会（石巻市・市教委・布施辰治顕彰会主催）が開かれ、李文昌・韓国・国民文化研究所名誉会長と故・早坂啓造・岩手大学名誉教授が講演した。石巻文化センターには常設の展示コーナーが開設され、膨大な布施資料の一端がついに日の目を見るようになった。

さらなる市民レベルの盛り上がりが、生誕一三〇年を記念したドキュメンタリー映画『弁護士　布施辰治』（池田博穂監督、赤塚真人主演）の制作だった。

〇九年一一月、石巻市中瀬の映画館「岡田劇場」で、布施が普通選挙を実現させようと演説するシーンのロケが行われ、エキストラ約二〇〇人が参加。ロケ期間を「FUSEウイーク」と銘打ち、中村正也・明治大学史資料センター研究調査員の解説による「みんなで学ぼう布施辰治展」など各種関連イベントも開催された。一〇年五月末、いよいよ映画が完成。だが、各地で上映運動が本格化していった矢先の一一年三月一一日、状況は暗転する。

四　東日本大震災と顕彰運動の再出発

東日本大震災後の石巻の惨状は、今なお鮮明に脳裏に焼き付いている。映画のロケが行われた岡田劇場は全壊し、見る影もなかった。石巻文化センターは原型をとどめていたものの、一階は津波に飲まれ、所蔵資料が被災。蛇田中学校の同級生だった学芸員は行方不明となった。私は毎年、三月一一日に石巻を訪れ、彼女の墓前で手を合わせている。

布施辰治資料に関しては、一階収蔵庫に置かれていた肖像画

東日本大震災津波で被災した石巻市南浜町の石巻文化センター。1階は壊滅的状況だったが、2階にあった布施の紙資料は直接的被災を免れた。（2011年5月撮影）

東日本大震災津波で被災した石巻文化センターの後継施設として、2021年に内陸部の開成地区にオープンした石巻市博物館の布施辰治展示コーナー。布施が岩手県北を巡った「奥の入会紀行」などを紹介している。

などが被災し、全国の博物館・美術館関係者らによる文化財レスキューで救出され、修復が進められた。二階収蔵庫で保管していた紙資料は直接的な被災を免れた。資料は旧湊第二小学校を改修した「被災文化財等仮収蔵施設」などでの保管を経て、二〇二一年一一月、内陸部の開成地区にオープンした石巻市博物館に収蔵された。同館には布施の常設展示コーナーも設けられ、岩手県北の入会紛争地を巡った『奥の入会紀行』の足跡などを紹介している[5]。

　震災で頓挫していた顕彰運動は、一八年九月九日に市河北総合センター・ビッグバンで開かれた演劇『生きべくんば民衆とともに　死すべくんば民衆のために』公演（布施辰治没後65年記念企画実行委員会主催）で再出発を果たす。満場の観客約四〇〇人を前に、森正が寄せた「彼の真実一路の生き方は、現代の私たちに深遠な示唆を与えてくれています」とのメッセージが読み上げられた。布施役の三條信幸の熱演も印象深い。震災復興における文化の力の大切さを実感させる、素晴らしい舞台だった。

　この日は演劇に先立ち、顕彰碑があるあけぼの南公園で、「碑前祭」が初めて行われた。演劇公演に携わったメンバーを中心に一九年五月、市民グループ「布施辰治を顕彰する会」が再発足し、会長に庄司・松浦法律事務所の松浦健太郎弁護士が就任した。以後、碑前祭は駐仙台韓国総領事館からの来賓出席の下、布施の命日である九月一三日前後に毎年行われている。

二一年九月の碑前祭には、同年春に市長に就任した蛇田出身の齋藤正美も参列。市長本人の出席は初という。式典には庄司捷彦弁護士ら長らく布施顕彰に尽力してきた関係者、翌一〇月に急逝した太田卓男ら布施の親族も参加し、終了後には櫻井清助の生きざまについて私がミニ講演した。幅広い顔ぶれが集い、顕彰運動四〇年の歩みを振り返るという、感慨深い機会となった。

五　これから——「土」と「種」

本稿執筆のため、書棚の奥にしまっていた大切な段ボール箱を久々に開けた。中には、櫻井からの手紙がぎっしり。大半は布施辰治の直筆原稿解読の進捗状況などに関する事務的な文面だが、まれに、顕彰への熱い思いを吐露したこともあった。二つ紹介したい（カッコ内は筆者注）。

「事を為すには時間をおしんではなりません。……昭和五八年から始まった辰治（の顕彰運動）は、今、やっと二段階に入り、今、私達二人が土創りにさしかかっているのだとの認識をもって居ます。当分この作業が続き、その上で君の世代がどの様な種を播くべきかを考えて欲しい」（一九九七年九月八日付）

「私が（石巻に）来た昭和五六年から見ると、自立的な市民が育ちつつあると云ふ実感はあります。……今、パフォーマンス的一発主義が流行して居ますが、少なくとも、せめて私達でも、大地にシッカと足をフンバリ土を創りませんか」（同年一〇月一二日付）

櫻井の死から二十余年。石巻の「土創り」はどこまで進んだろうか。

この間、布施研究の進展は目覚ましいものがある。大石進『弁護士布施辰治』（西田書店、二〇一〇年）、森正『評伝布施辰治』（日本評論社、一四年）を双璧として、明治大学史資料センター監修『布施辰治著作集　全一六巻・別巻一』（ゆまに書房、〇七～〇八年）、同センター監修『布施辰治研究』（日本経済評論社、一〇年）などが刊行され、土台はしっかり固まってきた。

布施が弁護を担った岩手県北の小繋事件など入会権争議に関しては、早坂啓造が石巻文化センターに何度も通い、所蔵資料中の入会関係資料について体系的な調査研究を推進。早坂は二〇年に死去したが、二二年には「小繋の灯」と刻まれた記念碑が一戸町小繋の現地に建立された。

布施が関わった事件や人物の再評価も進む。入会については近年、地球規模の環境破壊や気候変動が深刻化する中、持続可能な土地利用の在り方を探る「コモンズ（共有地）論」の観点から光が当てられている。(6)「朴烈・金子文子大逆事件」で布施が弁護した金子文子の鮮烈な生きざまも、伝記や映画を通じて若い世代にも知られるようになった。(7)

こうした布施をめぐる新たな動向に呼応するべく、石巻市民による顕彰運動の盛り上がりが期待されるところだ。被災地の人口減が加速し、交流人口の拡大が課題となる中、私は一概にまちおこしとしての顕彰を否定するものではない。ただ、櫻井が体現したごとく、布施資料の地道な整理や解読が土台にあってこそ、「パフォーマンス的一発主義」に終わらない、地に足の付いた顕彰につながると考える。

まずは、市博物館に収蔵された布施の紙資料の精査を進めてほしい。直接的な津波被害は免れたが、もとより紙質の悪い西洋紙にペン書きの資料が多いだけに、経年劣化が心配だ。

そもそも、布施資料は何点あるのか。実は定かではない。石巻文化センター編『布施辰治関係資料収蔵品目録』（第一集・一九九二年、第二集・二〇〇五年）をベースに、森正や明治大学史資料センターなどの協力も得て、改めて調査してほしい。併せて、石巻における顕彰運動関連資料の収集保存も期待される。

石巻市民が布施の「語り継ぎ」を進める上で、うれしいニュースが飛び込んできた。関東大震災から一〇〇年の節目に当たる二〇二三年九月一日から、博物館で第一回特集展「布施辰治と関東大震災」が始まったのだ。東日本大震災を経験した石巻市民にとって、森が『布施人道主義』の真価の発揮」と評した布施の関東大震災後の八面六臂の活動を知る意義は大きい(8)。二つの「震災」を重ね合わせて考えることは、より良い郷土の復興や、来たるべき災害への備えを進める貴重な手がかりになるだろう。

博物館は今後もさまざまな切り口で、定期的に特集展を開いてほしい。そして、それに連動するかたちで「布施辰治を顕彰する会」が勉強会を開いたらどうか。「布施と蛇田・石巻」「布施と入会・コモンズ」「布施と金子文子・朴烈」など、多くの関心を集めそうなテーマがいくつも思い浮かぶ。

博物館の特集展や市民の勉強会は、明治大学史資料センターをはじめ、吉野作造記念館（宮城県大崎市）、「小繋事件文庫」がある岩手大学図書館（盛岡市）、「渋谷定輔文庫」がある埼玉県富士見市立中央図書館などと連携することで、相乗効果が図れるだろう。

布施の業績は極めて広範で、見通すのは容易ではない。近現代史の大きなうねりをリアルに伝える「宝の山」に、多様な観点からアプローチし、少しずつ山を切り崩していく。この、「宝の山」を「市民の宝」として共有していくプロセスを丁寧に積み重ねてこそ、より良い『石巻市博物館所蔵、布施辰治関係資料収蔵品目録』の作成が可能になるだろう。

私自身も布施資料の全貌をつかめてはいない。ただ、その一端をひもといた経験から実感するのは、布施の歴史に対する愚直なまでに誠実な姿勢だ。

布施は裁判記録をはじめ、著書、論文、個人雑誌、書簡、新聞記事スクラップ、日記、メモなど多種多様な資料を残した。その中には、戦争協力と受け止められてもおかしくない戦時中の言説など、自らの評価に不利になるようなものも含まれる。[9] だが布施は取捨選択せず、一切合切を残し、後生に託し、評価を委ねた。遺族もすごい。丸ごと市に寄贈したからだ。

布施を、特定のイデオロギーの枠に押し込めることはできない。その揺らぎの大きさも含め、実に人間的であったことが、膨大な資料から浮かび上がる。

今、世界は揺らいでいる。対立と分断は露わになる一方だ。例えば、布施の韓国建国勲章受章当時、日韓は友好ムードにあったが、その後は急速に冷え込んだ。ＳＮＳでは在日コリアンらに対するヘイトスピーチが後を絶たず、「関東大震災時の朝鮮人虐殺はなかった」とのフェイクニュースも蔓延している。先行きが不透明な現代にあって、私たちは、自らの立ち位置をどこに見定めるか。歴史に学び、今に生かしていくことの大切さを再認識しなければならない。

石巻は、歴史に学ぶ市民が連帯していく磁場になり得るだろうか。少なくとも、ここには、その「種」がある。布施資料という、語り継ぐべき「宝の山」がある。

（1）太田隆策・青山りき子『二人の自分史』（私家版、二〇〇〇年）一四〇～一六四頁。

（2）菊田昇医師については、ノンフィクションライター石井光太の小説『赤ちゃんをわが子として育てる方を求む』（小学館、二〇二〇年）で、特別養子縁組制度の成立に奮闘したその生涯に再び光が当てられた。

（3）黒田大介「追悼　櫻井清助」（東北芸術工科大学東北文化研究センター『別冊東北学』五号、二〇〇三年）四四七～四五五頁。山谷時代に関しては、山谷労働者のミニコミ誌『人間広場』八号（一九七〇年）に、櫻井の詩『山谷のこころより』が掲載。都庁でのハンストについては、神崎清『山谷ドヤ街　一万人の東京無宿』（時事通信社、一九七四年）、田頭道登編著『岡林信康黙示録』（三友会出版、一九八〇年）に詳しい。

（4）布施辰治顕彰会の小冊子『生きべくんば民衆とともに　死すべくんば民衆のために　布施辰治を顕彰〈生誕百十年記念〉』（一九九〇年）は、「銅像建立」と「辰治顕彰館建設」によって、「石巻市を修学旅行のメッカに」するという地域活性化構想を打ち出している。ちなみに、銅像に関しては、布施の生前にも制作計画が持ち上がったが、本人が固辞した経緯があった。その旨を記した書簡原稿が旧石巻文化センター所蔵資料の中にある。おそらく、顕彰会メンバーは布施自身が固辞した歴史的事実を知らないままに、銅像建立を構想したのではないか。この件からしても、基礎資料の調査研究から乖離した顕彰運動の危うさが浮かび上がる。

（5）東日本大震災後の布施資料の経緯は、中村正也・飯澤文夫「布施辰治資料（石巻文化センター所蔵）の現状」（明治大学史資料センター『大学史紀要』二一号、二〇一六年）、石巻市博物館活動報告第1集「開館記念企画展『文化財レスキュー　救出された美術作品の現在』」（二〇二二年）に詳しい。

（6）共有自然資源の維持管理の在り方を研究するコモンズ論は、地球規模の自然破壊の進行への危機感を背景に、欧米の経済学者らが中心となって推進。二〇〇九年、故エリノア・オストロム米インディアナ大教授が「森林や漁業資源などの運用は利用者の自主的管理が望ましい」とする研究でノーベル経済学賞を受賞した。近年は斎藤幸平『人新世の「資本論」』（集英社新書、二〇二〇年）、斎藤幸平・松本卓也編『コモンの「自治」論』（集英社、二〇二三年）など幅広い領域で、コモンズについて言及されるようになった。

（7）ブレイディみかこによる金子文子、エミリー・デイヴィソン、マーガレット・スキニダーの伝記エッセー『女たちのテロル』（岩波書店、二〇一九年）は、同年に日本で公開された韓国映画『金子文子と朴烈《パクヨル》』と共に話題となった。

（8）森正『ある愚直な人道主義者の生涯　弁護士布施辰治の闘い』（旬報社、二〇二二年）一四一〜一四八頁。

（9）布施の戦争協力の言動に関しては、森正が前掲書一八六〜二〇四頁、『評伝　布施辰治』（日本評論社、二〇一四年）八七七〜九一三頁などで、苦渋の筆致で考察を重ねている。

あとがき

布施辰治に学問的な関心を抱いたのは、一九七〇年代半ばのことである。十年後には、⑴布施の評伝を書くこと、⑵布施を語り継ぐこと、この二つが自分の使命だと考えるようになった。

⑴の布施評伝は二〇一四年にやっと形あるものとなり、八年後には「布施人道主義」に焦点を当てた小伝を出版した。⑵の布施を語り継ぐ行為については、駅伝に喩えると、一ランナーとしての責任は果たせただろうと思う。しかし、布施を語り継ぐ意識が高揚していく中で、自分の「語り」と他者の「諸々の語り」を一つの流れとして束ね、そこに何らかの意義を見出し、かつ何らかの方向性を示したいという意識が生じてきた。結局、それは百有余年にわたるさまざまな「語り」に翻弄されるうちにほぼ消えてしまったが、いま考えてみると不遜な意識だったのかもしれない。

ともあれ、本書は何回かの中断と試行錯誤をへて出来上がった。布施生存中と没後の各時期の「語り」、及び全期間を通しての「語り」にみられる大まかな傾向、日本人と在日コリアン・韓国人の「語り」の協力・発展などについては概ね明らかにできた、と考えている。これらが本書の特徴である。

本書は私ひとりで仕上げる予定だったが、布施辰治のふる里・宮城県石巻の顕彰運動を紹介すべきだろうと考え、つい最近、旧知の黒田大介さんにお願いした。黒田さんは布施と出生地を同じくし、故・櫻井清助さんと共同で布施資料集を三冊自費出版しており、急な要請にもかかわらず今後を見据えた文章を書いてくださった。お礼を申し上げたい。

本書を、故人を含めて石巻地方の布施顕彰運動の人々、及び明治大学史資料センターのスタッフ一同に捧げたい。とりわけ、同センター研究調査員の中村正也さん（元・明大図書館司書）の四〇数年に及ぶ友情に感謝したい。また、岩手県下の入会権訴訟記録の収集・整理・分析に尽力し、研究者のあり方を教示してくださった故・早坂啓造さん（岩手大学名誉教授・経済学）にたいしても本書を捧げたい。さらに、個々の名前はあげないが、本書を仕上げるには多くの方々に協力していただいたことを記し、感謝の意を表したい。

最後になったが、旬報社の木内洋育さんには今回もご配慮をいただき、渡辺治さん（一橋大学名誉教授）が前回同様に橋渡しをしてくださった。お二人には心からお礼を申し上げる。

森　正

本書は『ある愚直な布施研究者の生涯』として読むこともできよう。布施人道主義の高みへ挑み、半世紀。私は櫻井清助にフランス文学も学んだが、森正の不屈の歩みは、カミュ『シーシュポスの神話』にどこか重なり合う。ならば、布施の直筆原稿解読に命を削った櫻井は、カミュ『ペスト』に登場する老吏グランか……。森と櫻井から託されたバトンをつなぎたい。石巻市民と共に。

黒田大介

［著者紹介］

森　正（もり・ただし）　I～IIIを担当

一九四二年三月、和歌山県新宮市に生まれる。中央大学法学部をへて名古屋大学大学院法学研究科博士課程中途退学。名古屋市立女子短期大学、名古屋市立大学に勤務する（一九六九～二〇〇三年）。

イギリス憲法研究の途上、三〇代前半に戦前日本の在野法曹の先進的群像に関心を抱き、群像中の象徴的存在だった布施辰治の研究・啓蒙に従事している。現在、名古屋市立大学名誉教授。

主著は、『治安維持法裁判と弁護士』（日本評論社）、『聞き書き憲法裁判』（東研出版）、『私の法曹・知識人論』（六法出版社）、『司法書士と憲法』（民事法研究会）、『評伝 布施辰治』（日本評論社）、『ある愚直な人道主義者の生涯―弁護士布施辰治の闘い』（旬報社）。編著は、『マルセ太郎 記憶は弱者にあり』（明石書店）。

黒田大介（くろだ・だいすけ）　IVを担当

一九七二年八月、宮城県石巻市に生まれる。岩手大学大学院修了。一九九八年岩手日報社入社。二〇二三年から編集委員室副室長兼論説委員。

布施辰治資料研究準備会として『「弁護士布施辰治誕生七十年記念人権擁護宣言大会」関連資料集』、『植民地関係資料集vol.1 朝鮮編』、『同vol.2　朝鮮・台湾編（付・中国関係資料）』を自費出版。東北芸術工科大学東北文化研究センター『別冊東北学』五号に「追悼　櫻井清助」、東北文化友の会会報『まんだら』二二号に「布施辰治　韓国建国勲章受章に寄せて」を寄稿。

人道の弁護士・布施辰治を語り継ぐ

二〇二三年一二月一〇日　初版第一刷発行

著者……………森正・黒田大介
装丁……………佐藤篤司
発行者…………木内洋育
発行所…………株式会社 旬報社
〒一六二-〇〇四一 東京都新宿区早稲田鶴巻町五四四
TEL 03-5579-8973　FAX 03-5579-8975
ホームページ https://www.junposha.com/

印刷・製本……精文堂印刷 株式会社

ISBN978-4-8451-1859-5